Manfred Spieker

Gender-Mainstreaming in Deutschland

Manfred Spieker

Gender-Mainstreaming in Deutschland

Konsequenzen für Staat, Gesellschaft und Kirchen

2. korrigierte und erweiterte Auflage 2016

Ferdinand Schöningh

Bibliografische Information der Deutschen Nationalbibliothek

Die Deutsche Nationalbibliothek verzeichnet diese Publikation in der
Deutschen Nationalbibliografie; detaillierte bibliografische Daten sind im Internet
über http://dnb.d-nb.de abrufbar.

2. Auflage (1. Auflage 2015)
© 2016 Ferdinand Schöningh, Paderborn
(Verlag Ferdinand Schöningh GmbH & Co. KG, Jühenplatz 1,
D-33098 Paderborn)

Internet: www.schoeningh.de

Einbandgestaltung: Evelyn Ziegler, München
Printed in Germany
Herstellung: Ferdinand Schöningh GmbH & Co. KG, Paderborn

ISBN 978-3-506-78516-9

Inhalt

Vorwort

Ist „Gender-Mainstreaming" ein Synonym für die Gleichstellung der Geschlechter und den Abbau von Diskriminierungen? Ist seine Rechtsgrundlage Art. 3 Abs. 2 GG, der in Satz 1 feststellt „Männer und Frauen sind gleichberechtigt" und in Satz 2 den Staat verpflichtet, die tatsächliche Durchsetzung der Gleichberechtigung zu fördern und auf die Beseitigung bestehender Nachteile hinzuwirken? Oder ist Art. 3 GG nur ein Schutzschirm, hinter dem sich ganz andere Ziele verbergen? Das Bundesministerium für Familie, Senioren, Frauen und Jugend nennt Art. 3 GG neben dem Vertrag von Lissabon als erste Rechtsgrundlage für die Strategie des Gender-Mainstreaming. In einem ersten Schritt ist nach der mittlerweile 20-jährigen Karriere und der Philosophie des Begriffs „Gender-Mainstreaming" zu fragen (I). Dabei wird schnell deutlich, dass Gender-Mainstreaming weit mehr meint als die Gleichberechtigung von Mann und Frau und die Einstellung von Gleichstellungsbeauftragten in allen Einrichtungen der öffentlichen Verwaltung. Aus der Philosophie des Geder-Mainstreaming ergibt sich mit zwingender Logik, dass Gender-Mainstreaming eine Kulturrevolution anstrebt, in der die geschlechtliche Identität des Menschen infrage gestellt wird.

In einem zweiten Schritt ist die politische Implementierung des Gender-Mainstreaming zu untersuchen. Dabei stehen drei Etappen im Mittelpunkt, die alle im Dienst dieser Kulturrevolution stehen: Zunächst die Legalisierung eingetragener Lebenspartnerschaften, dann die neue Familien- und Krippenpolitik und schließlich die Verpflichtung der Schulen auf die „Sexualpädagogik der Vielfalt" (II). Hier wird deutlich, dass Gender-Mainstreaming wenig mit Gleichberechtigung von Männern und Frauen, aber viel mit der Infragestellung der geschlechtlichen Identität zu tun hat.

In einem dritten Schritt ist nach den Reaktionen der Christen zu fragen. Wer neigt nicht zu der Annahme, dass das Gender-Mainstreaming bei Christen auf Ablehnung stoßen muss, wenn er das Alte Testament und das Neue Testament, insbesondere die Briefe des Apostels Paulus und die kirchliche Tradition in den Blick nimmt. Dennoch wird schnell deutlich, dass das Gender-Mainstreaming auch Eingang gefunden hat in kirchliche Organisationen und Texte. Deshalb ist zu fragen, wo sich die Kirchen angepasst haben und wo und mit welchen Gründen sich Kritik artikuliert (III).

In zwei weiteren Schritten sind die Alternativen zum Gender-Mainstreaming zu erörtern: zunächst Ehe und Familie als bleibende Ressource der Gesellschaft, als eine Geschichte und Kulturen übergreifende Institution, die ihre Existenz nicht dem Staat und seiner Rechtsordnung verdankt, die auch das Gender-Mainstreaming – möglicherweise schwer geschädigt – überstehen wird (IV). Dann eine Sexualethik, die eine Kultivierung der Sexualität ermöglicht, weil sie die geschlechtliche Identität in die Person integriert (V). In Deutschland scheint diese Sexualethik zu den bestgehüteten Geheimnissen der Kirche zu gehören, ja die Kirche scheint sich dieses Schatzes eher zu schämen, statt ihn in die Verkündigung und insbesondere die Ehevorbereitung einzubeziehen.

Osnabrück, 22. Juni 2015

Manfred Spieker

Vorwort zur 2. Auflage

Die Diskussion über Gender ist im Laufe des Spätsommers 2015 kräftig in Fahrt gekommen. Dazu haben Versuche, die Gender-Theorie katholisch zu interpretieren ebenso beigetragen wie kritische Stellungnahmen einzelner Bischöfe und vor allem der XIV. Ordentlichen Bischofsynode im Oktober 2015, die alle unbefangen von der anthropologischen Revolution der Gender-Ideologie sprechen und keine Möglichkeit einer katholischen Interpretation sehen. Die Deutsche Bischofskonferenz steht im Spannungsfeld zwischen diesen kritischen Stellungnahmen, die die Kritik von Papst Benedikt XVI. und von Papst Franziskus aufgreifen, und den Erwartungen der gendersensiblen Theologinnen in Universitäten, katholischen Frauenverbänden und dem Zentralkomitee der deutschen Katholiken. Sie zieht es einstweilen vor zu schweigen. Der neue Schwung der Debatte hat auch eine schnelle Neuauflage des Buches notwendig gemacht. Sie wurde um einige aktuelle Entwicklungen sowohl in der Debatte um die „Sexualpädagogik der Vielfalt" als auch in den innerkirchlichen Auseinandersetzungen ergänzt.

Osnabrück, 11. November 2015

Manfred Spieker

I. Karriere und Philosophie des „Gender-Mainstreaming"

Die Karriere des Begriffs „Gender-Mainstreaming" beginnt in Deutschland mit einem Kabinettsbeschluss der Bundesregierung unter Kanzler Gerhard Schröder und Vizekanzler Joschka Fischer am 23. Juni 1999, ein halbes Jahr nach ihrem Amtsantritt. Der Beschluss verpflichtete alle Ministerien auf das Leitprinzip der „Geschlechtergerechtigkeit". Entscheidungsprozesse für Gesetze, Programme, Forschungsprojekte, Fördermaßnahmen, verwaltungsinterne Maßnahmen, wie beispielsweise Personalentwicklung, „und vieles mehr" seien nach dem Prinzip des Gender-Mainstreaming zu gestalten. Vier Jahre zuvor hatte die Weltfrauenkonferenz der Vereinten Nationen in Peking das Gender-Mainstreaming propagiert. Sie verabschiedete eine umfangreiche Aktionsplattform zur „Herbeiführung der Machtgleichstellung der Frau", die zwar das Substantiv „Gender-Mainstreaming" nicht verwendete, aber von allen Regierungen erwartete, dass sie „promote an active and visible policy of mainstreaming a gender perspective in all policies and programmes".[1] Damit war das Gender-Mainstreaming geboren, zumal die Konferenz von den Regierungen zugleich forderte, eine hohe Stelle mit Kabinettsrang mit der ressortübergreifenden Durchführung und Kontrolle des Gender-Mainstreaming zu beauftragen. Unter Mainstreaming ist mithin eine Strategie zu verstehen, ein bestimmtes Thema – hier die Geschlechterperspektive – in den „Hauptstrom" der Politik einzubringen, also zu einer alle Politikbereiche übergreifenden Quer-

---

[1] Resolution 1 der Vierten Weltfrauenkonferenz in Peking, Anlage II, Ziffer 202, in: http://www.un.org/depts/german/conf/beijing/beij_bericht.html. Die offizielle deutsche Übersetzung dieser Ziffer klingt dagegen harmlos: Die Regierungen und andere Akteure sollen „eine aktive und sichtbare Politik der konsequenten Einbeziehung einer geschlechtsbezogenen Perspektive in alle Politiken und Programme fördern".

schnittaufgabe zu machen. Die Behauptung, die Weltfrauenkonferenz 1995 habe die Regierungen zum Gender-Mainstreaming verpflichtet, ist aber nicht zutreffend, da UN-
Konferenzen keine Autorität haben, die Staaten zu verpflichten. Sie können nur Empfehlungen beschließen. Die EU kam
dieser Empfehlung allerdings sehr schnell nach. Bereits am
22. Dezember 1995 beschloss der Ministerrat das Gender-
Mainstreaming in einem Aktionsprogramm und im Amster-
damer Vertrag von 1997 wurde das Gender-Mainstreaming
in Art. 3 Abs. 2 für alle dort genannten 21 Politikfelder, für
die die EU Zuständigkeit beansprucht, als verpflichtend aufgenommen, wobei die harmlose Formulierung Verwendung
fand, die Gemeinschaft solle darauf hinwirken, „Ungleich-
heiten zu beseitigen und die Gleichstellung von Männern und
Frauen zu fördern".

Die rot-grüne Bundesregierung beschloss nach dem
Grundsatzbeschluss von 1999 am 26. Juli 2000 einen neuen
§ 2 der Gemeinsamen Geschäftsordnung der Bundesministerien (GGO): „Die Gleichstellung von Frauen und Männern
ist durchgängiges Leitprinzip und soll bei allen politischen,
normgebenden und verwaltenden Maßnahmen der Bundesministerien in ihren Bereichen gefördert werden (Gender-
Mainstreaming)". Dieser Paragraph, in den nun auch das
Substantiv „Gender-Mainstreaming" Eingang fand, erweckt
den Eindruck, als sei der in Klammer gesetzte Begriff nur
eine Zusammenfassung des zuvor Gesagten: Gleichstellung
von Frauen und Männern. Mit § 45 Abs. 1 der GGO bekam
das Bundesministerium für Familie, Senioren, Frauen und
Jugend darüber hinaus die von der Weltfrauenkonferenz geforderte herausgehobene Stellung. Es erhielt die Kompetenz,
in allen Gesetzgebungsverfahren zu prüfen, ob Auswirkungen von gleichstellungspolitischer Bedeutung zu erwarten
seien. Weder eine gesellschaftliche Debatte noch ein Parla-
mentsbeschluss gingen dieser Änderung der Geschäftsordnung voraus, weshalb das Gender-Mainstreaming oft als Top
Down-Strategie bezeichnet wird. Natürlich hat jedes Gre-
mium die Kompetenz, die eigene Geschäftsordnung zu be-

schließen und auch zu ändern. Aber mit der Änderung der Gemeinsamen Geschäftsordnung der Bundesministerien vom Juli 2000 hat die Bundesregierung eine Kulturrevolution eingeleitet, die nachhaltiger wirkt als eine Revolution der Eigentumsverhältnisse. Sie hätte eine öffentliche Debatte verdient. Zahlreiche Arbeitshilfen des Familienministeriums zum Gender-Mainstreaming zeigen, wie ernst das Ministerium das Gender-Mainstreaming nimmt.[2] Weder die Große Koalition von CDU/CSU und SPD (2005-2009) noch die Koalition von CDU/CSU und FDP (2009-2013) haben diese Kulturrevolution korrigiert. Im Gegenteil: Die aus Art. 3 GG bekannten Diskriminierungsverbote wurden im Allgemeinen Gleichbehandlungsgesetz vom 14. August 2006 um die sexuelle Identität ergänzt.

Im Oktober 2003 wurde an der Juristischen Fakultät der Humboldt-Universität Berlin ein von der Bundesregierung gefördertes Gender-Kompetenzzentrum gegründet. Es sollte für die gleichstellungspolitischen Strategien der Bundesregierung Wissen bereitstellen und Akzeptanz sichern.[3] An den Universitäten und Fachhochschulen setzte ein Boom an Instituten und Professuren für Gender-Studies ein. Ende 2014 wurden in Deutschland rund 190 derartige Einrichtungen gezählt, die zu rund 95 % mit Frauen besetzt sind.[4] Im Dezember 2006 errichtete die EU in Vilnius ein Europäisches Institut für Gender-Equality mit gleicher Zwecksetzung. Auf globaler Ebene ist das Gender-Mainstreaming Gegenstand verschiedener Unterorganisationen der vereinten Nationen, vor allem des Ausschusses zur Beseitigung der Diskriminierung der Frau (CEDAW) und der 2010 gegründeten „Entity

---

[2] Es gibt solche Arbeitshilfen zum Gender-Mainstreaming bei der Vorbereitung von Rechtsvorschriften, bei der Presse- und Öffentlichkeitsarbeit, beim Umgang mit dem Europäischen Sozialfond, im Berichtswesen und bei Forschungsprojekten.

[3] Seine Leiterin Susanne Baer wurde 2011 Richterin am Bundesverfassungsgericht.

[4] FAZ vom 5.11.2014. An vielen Hochschulen, so die FAZ, sei die Neigung, die meist befristeten Stiftungsprofessuren nach Auslaufen der Frist wieder mit derselben Denomination zu besetzen, sehr gering.

for Gender-Equality and the Empowerment of Women", kurz UN-Women genannt.[5] In diesen Organisationen spielen die Yogyakarta-Prinzipien „zur Anwendung der Menschenrechte in Bezug auf die sexuelle Orientierung und geschlechtliche Identität" eine zentrale Rolle, Prinzipien eines Netzwerkes von Gender-Lobbyisten, die vom 6. bis 9. November 2006 in Yogyakarta/Indonesien zusammenkamen und das Gender-Mainstreaming als Gebot der Menschenrechte propagierten.[6]

Zur Philosophie des Gender-Mainstreaming: Gender kommt vom lateinischen genus und heißt Geschlecht. Aber im Unterschied zum Begriff „sex" meint Gender nicht das biologische, auch nicht das grammatikalische, sondern das durch die Gesellschaft geprägte Geschlecht. Der englische Begriff „Gender" wurde von den Sozialwissenschaften und der Politik in die deutsche Sprache übernommen, um die Theorie zu verbreiten, dass das Geschlecht nicht etwas von der Natur Vorgegebenes ist, sondern durch Gesellschaft, Kultur und Sprache determiniert wird.

Wollte man der Gender-Theorie einen wahren Kern zugestehen, könnte man sagen, in der Tat ist menschliche Sexualität nicht nur „Natur", sondern immer auch Kultur. Sie ist nicht nur ein Trieb. Sie bedarf der verantwortungsbewussten Kultivierung, der Beherrschung und der Integration in die Person. Sie ist auf Erziehung angewiesen. Sie ist also nicht nur Gegenstand der Biologie. „Geschlechtlichkeit ist zu kultivieren, aber als naturhafte Vorgabe (was könnte sonst ge-

---

[5] Manfred Spieker, Der Missbrauch der UNO – Der globale Kampf um die Legalisierung der Abtreibung, in: Bernward Büchner/Claudia Kaminski/Mechthild Löhr, Hrsg., Abtreibung – ein neues Menschenrecht?, 2. erw. Aufl. Beltheim 2014, S. 111ff.

[6] Die Yogyakarta-Prinzipien. Prinzipien zur Anwendung der Menschenrechte in Bezug auf die sexuelle Orientierung und die geschlechtliche Identität, Schriftenreihe der Hirschfeld-Eddy-Stiftung, Bd. 1, Berlin 2008.

staltet werden?). Kultivieren meint: weder sich ihr zu unterwerfen noch sie auszuschalten".[7]

Aber die Gender-Theorie geht weit darüber hinaus. Es geht ihr nicht um die Kultivierung, sondern um die Dekonstruktion der Sexualität, genauer um die Dekonstruktion der Heterosexualität. Heterosexualität ist für sie ein Synonym für die Beziehung von Mann und Frau, die durch gesellschaftlich oktroyierte Normen geregelt werde. Deshalb spricht die Gender-Theorie häufig nicht nur von Heterosexualität, sondern von „Zwangsheterosexualität". Wenn das Geschlecht primär eine Konstruktion der Gesellschaft und der Kultur ist, dann gilt auch die Zweigeschlechtlichkeit als eine solche Konstruktion. Jeder Form der Sexualität wird als gesellschaftlicher und kultureller Konstruktion das gleiche Recht zugesprochen. An die Stelle der sexuellen Identität als Mann oder als Frau, die von der Natur vorgegeben ist, tritt die sexuelle Orientierung, die der Mensch selbst wählt. Das Grundrecht auf Gleichheit vor dem Gesetz, das ein Diskriminierungsverbot auf Grund des Geschlechts enthält, soll deshalb ergänzt werden um das Verbot einer Diskriminierung auf Grund der sexuellen Orientierung. Der „besondere Schutz" von Ehe und Familie, zu dem Art. 6 GG den Staat verpflichtet, gilt als eine Diskriminierung aller anderen Formen der Sexualität. Das Gleichheitsgebot in Art. 3 GG wird so in Stellung gebracht gegen Art. 6 GG, dem unterstellt wird, Ehe und Familie zu privilegieren. Nicht nur in der Gender-Literatur, sondern auch in der Rechtsprechung des Bundesverfassungsgerichts dominieren das Gleichberechtigungsgebot und das Diskriminierungsverbot des Art. 3 GG auf eine Weise, dass Art. 6 GG wie ein Relikt aus der Gründungszeit der Bundesrepublik erscheint.

Gender-Mainstreaming ist in einem ersten Schritt ein Kampf für die Anerkennung der Homosexualität. Ihr sollen der gleiche Rang und der gleiche staatliche Schutz zukom-

---

[7] Hanna-Barbara Gerl-Falkovitz, Gender: eine Theorie auf dem Prüfstand, in: Internationale Katholische Zeitschrift Communio, 35. Jg. (2006), S. 361.

men wie der Heterosexualität. Die Ehe von Mann und Frau darf in dieser Perspektive gegenüber gleichgeschlechtlichen Verbindungen nicht privilegiert werden. Das gilt für alle Rechtsbereiche, insbesondere für das Familienrecht, das Steuer- und Erbschaftsrecht und das Adoptionsrecht. Homosexualität gilt deshalb als „subversiver Protest gegen die Zweigeschlechtlichkeit".[8] Gleichgeschlechtliche Lebensgemeinschaften wurden in Westeuropa wie in verschiedenen Staaten der USA seit Beginn dieses Jahrhunderts weithin legalisiert und zunehmend der Ehe angeglichen, in Deutschland durch das Lebenspartnerschaftsgesetz vom 16. Februar 2001. Mitgliedsstaaten der EU, die im Widerstand gegen diesen Trend die Ehe in ihrer Verfassung als eine „Verbindung", eine „Lebensgemeinschaft" oder einen „Bund" von Mann und Frau definierten, wie Polen in der Verfassung von 1997 (Art. 18), Ungarn in der Verfassung von 2012 (Art. L) und die Slowakei in der Verfassung von 2014 (Art. 41), oder die ein Referendum durchführten, dessen Ergebnis die Regierung zwang, die Ehe in der Verfassung (Art. 41) als eine heterosexuelle Lebensgemeinschaft zu definieren, wie Kroatien 2013, stießen auf einen heftigen Protest der Gender-Lobby einschließlich der EU-Kommission. Das Referendum vom 22. Mai 2015 in Irland, bei dem 62 % für die komplette verfassungsrechtliche Gleichstellung der Homo-Ehe mit der Ehe votierten, und das Urteil des Supreme Court zur Legalisierung der gleichgeschlechtlichen Ehe in allen 50 amerikanischen Bundesstaaten vom 26. Juni 2015 fanden dagegen den lauten Beifall der Gender-Lobby. In einem zweiten Schritt ist Gender-Mainstreaming ein Kampf für die LGBTI-Agenda. Nicht nur homosexuelle, also lesbische und schwule (gay) Lebensweisen sollen heterosexuellen Beziehungen gleichrangig sein, sondern auch bisexuelle und solche, die als

---

[8]   Uwe Sielert, Gender-Mainstreaming im Kontext einer Sexualpädagogik der Vielfalt, in: Bundeszentrale für gesundheitliche Aufklärung Forum Sexualaufklärung Bd. 6/7 (2001/2002), 4, S. 18-24 in: www.forum.sexualaufklaerung.de/index.php?docid=667 (abgerufen am 30.10.2014), S. 3f.

„Transgender", intersexuell oder Queer bezeichnet werden. Der Begriff „Gender" dient also nicht nur der Dekonstruktion der Geschlechtspolarität, sondern der Relativierung des Geschlechts selbst. Er leugnet eine vorgegebene Natur des Menschen. Diese Leugnung kann durchaus skurrile Formen annehmen, so wenn gefordert wird, die Begriffe Vater und Mutter in standesamtlichen Dokumenten durch die Begriffe „Elter 1" und „Elter 2" oder „Progenitor A" und „Progenitor B" zu ersetzen.

Judith Butlers Buch „Das Unbehagen der Geschlechter", das literarische Flaggschiff des Gender-Mainstreaming, dient, wie der Untertitel im englischen Original zum Ausdruck bringt, „the subversion of Identity", der Zerstörung einer vorgegebenen geschlechtlichen Identität. Die Kategorie „Frau" ist für Butler, wie für Simone de Beauvoir, nichts Vorgegebenes, sondern „ein prozessualer Begriff, ein Werden und Konstruieren", bei dem es keinen Anfang und kein Ende gibt.[9] Das gilt dann konsequenterweise auch für den Mann. Die Attribute und Akte geschlechtlicher Identität seien „performativ", das heißt sie werden erst im konkreten Verhalten geschaffen. Deshalb gebe es „weder wahre noch falsche, weder wirkliche noch verzerrte Akte der Geschlechtsidentität".[10] Butler will mit ihrer Arbeit „den Phallogozentrismus und die Zwangsheterosexualität ... dezentrieren".[11] Im Klartext heißt dies, sie will die Geschlechterdualität auflösen. Dies ist das erklärte Ziel der „dekonstruktiven Pädagogik": Geschlechtsidentitäten „sind nicht klar, eindeutig und selbstverständlich, wie sie es früher zu sein schienen. Sie müssen neu gedacht werden: kontingent, fluid, nur zeitweise fixiert".[12] Auch für Elisabeth Tuider sind „Identitä-

---

[9] Judith Butler, Das Unbehagen der Geschlechter, Frankfurt 1991, S. 60. Englisch „Gender-Trouble. Feminism and the subversion of Identity" New York 1990.
[10] A. a. O., S. 207f.
[11] A. a. O., S. 9.
[12] Helga Bilden, Die Grenzen von Geschlecht überschreiten, in: Anja Tervooren, Hrsg., Dekonstruktive Pädagogik, Opladen 2001, S. 137.

ten, geschlechtliche und sexuelle Positionierungen ... mit einem Ablaufdatum versehen und sagen höchstens ‚zur Zeit' etwas über einen Menschen aus".[13] Wer dagegen in der Geschlechterdualität eine natürliche Vorgegebenheit menschlicher Existenz sieht, gilt geradezu als gemeingefährlich. Für Stefan Timmermanns ist „die scheinbare Eindeutigkeit konstruierter Systeme, die die Menschen entweder in ‚Männer' oder ‚Frauen' bzw. ‚Hetero'- oder ‚Homosexuelle' einteilen, ... die Grundlage eines binären, biologistischen, essentialistischen, fundamentalistischen und totalitären Denkens, das die Welt nur in Polaritäten wahrnehmen will und kann."[14] In der katholischen Theologie vertritt Regina Ammicht Quinn diese Position: „Menschliche Geschlechtlichkeit ist nicht eindeutig zweigestaltig. Menschliche Geschlechtlichkeit ist vielfältig. Sie ist biologisch gesehen kein binäres Phänomen, sondern ein Kontinuum".[15]

In der Perspektive der dekonstruktiven Pädagogik wird sie Sexualerziehung damit konsequenterweise zu einem Projekt der Umerziehung, der Emanzipation in der Tradition des Klassenkampfes. Rund 100 Jahre vor der „Sexualpädagogik der Vielfalt" hatte schon Friedrich Engels einen Protest gegen die Geschlechterdualität und die an sie anknüpfende Monogamie erhoben. Für ihn waren sie eine Erscheinung der Eigentumsverhältnisse in der Klassengesellschaft, die durch die sozialistische Revolution beseitigt werden sollte: Der erste Klassengegensatz, so Engels, „der in der Geschichte auftritt, fällt zusammen mit der Entwicklung des Antagonismus von Mann und Weib in der Einzelehe, und die erste Klassenunterdrückung mit der des weiblichen Geschlechts

---

[13] Elisabeth Tuider, Vielfalt als Alternative zu schwul-lesbischer Aufklärungsarbeit?, in: 10 Jahre SchLAu NRW, Köln 2010, S. 32.

[14] Stefan Timmermanns, Keine Angst, die beißen nicht! Evaluation schwul-lesbischer Aufklärungsprojekte in Schulen, Norderstedt 2003, S. 37.

[15] Regina Ammicht Quinn, Gefährliches Denken: Gender und Theologie, in: Concilium, 48. Jg. (2012), S. 370.

durch das männliche".[16] Dass die Geschlechterdualität „von Mann und Weib" nichts mit einer wie auch immer gearteten Klassengesellschaft und auch nichts mit den Eigentumsverhältnissen zu tun hat, hat sich im 20. Jahrhundert in allen postrevolutionären sozialistischen Gesellschaften gezeigt. Rund 20 Jahre vor Judith Butler hatte John Money in seiner „Gender Identity Clinic" in Baltimore mit zunächst großem Erfolg versucht, der Theorie von der gesellschaftlichen Geschlechtszuweisung zum Durchbruch zu verhelfen. Er scheute sich nicht, mit Hilfe der Chirurgie Geschlechtsumwandlungen vorzunehmen, die seine Theorie von der offenen „gender identity" belegen sollten. Nachdem sein Paradefall Bruce/Brenda/David Reimer, der als Junge Bruce geboren und durch chirurgische Eingriffe in das Mädchen Brenda verwandelt wurde, um schließlich als David doch wieder in seine männliche Natur zurückzukehren, mit einem Suizid endete, wurde er nicht länger als Beweis für eine jederzeit mögliche Veränderung sexueller Identität benutzt.[17] Aber der Theorie von der gesellschaftlichen Zuweisung der Geschlechtsidentität und der Forderung nach einem Recht auf freie Selbstbestimmung der sexuellen Identität hat dies keinen Abbruch getan. Die Staaten müssen, so die Yogyakarta-Prinzipien, alle Menschen unterstützen, die eine Geschlechtstransition vollziehen oder eine Geschlechtsanpassung vornehmen.[18]

---

[16] Friedrich Engels, Der Ursprung der Familie, des Privateigentums und des Staats (1884), in: Karl Marx/Friedrich Engels, Ausgewählte Schriften, Bd. II, Berlin 1968, S. 205.

[17] Volker Zastrow, Gender. Politische Geschlechtsumwandlung, Waltrop/Leipzig, 2006, S. 10.

[18] Die Yogyakarta-Prinzipien, Prinzip 3, a. a. O., S.17.

II. Implementierung des Gender-Mainstreaming in der Politik

1. Eingetragene Lebenspartnerschaften

Der Gesetzgeber in Deutschland hat sich die Perspektive des Gender-Mainstreaming ab der 14. Legislaturperiode zu eigen gemacht. Das begann mit dem Lebenspartnerschaftsgesetz vom 16. Februar 2001, das gleichgeschlechtlichen Verbindungen einen eheähnlichen Status verlieh und durch ein Urteil des Bundesverfassungsgerichts vom 17. Juli 2002 als grundgesetzkonform bezeichnet wurde. Dass eine eingetragene Lebenspartnerschaft im Gegensatz zur Ehe nicht auf ein eigenes Kind hin angelegt ist, nicht zu Elternverantwortlichkeit führt und keinen Beitrag zur Zukunftsfähigkeit der Gesellschaft leistet, blieb im Gericht eine Minderheitenmeinung.[1] In einem Beschluss vom 6. Mai 2008 kam diese Überzeugung noch einmal zur Geltung. Das Gericht verneinte deshalb die Möglichkeit einer Gleichstellung eingetragener Lebenspartner mit verheirateten Beamten bei der Regelung des Familienzuschlags im Besoldungsrecht.[2] Aber die Homo-Lobby setzte sich durch. Ihr Eifer, in allem Ehe und Familie gleichgestellt zu werden, wollte mit der Dekonstruktion von Ehe und Familie in der Gendertheorie nicht so recht übereinstimmen. Ein erster Widerspruch im Gender-Mainstreaming: man kämpft um die Legalisierung dessen, was man lange Zeit als überholt geschmäht und als Anachronismus abgelehnt hat. Behauptete das Urteil des Bundesverfassungsgerichts von 2002 noch, der Gesetzgeber habe mit der eingetragenen Lebenspartnerschaft „keine Ehe mit falschem Etikett ..., sondern ein aliud zur Ehe" geschaffen,[3] so lässt das Bundesverfassungsgericht in seinem Urteil zur betrieblichen

---

[1] So die Richterin Evelyn Haas in ihrem Minderheitenvotum, BVerfGE 105, 313ff. (hier 362).

[2] 2 BvR 1830/06.

[3] BVerfGE 105, 313ff. (hier 351).

Hinterbliebenenversicherung für homosexuelle Arbeitnehmer im öffentlichen Dienst vom 7. Juli 2009 keinen Unterschied mehr zwischen Eheleuten und eingetragenen Lebenspartnern gelten. Eine Ungleichbehandlung von Eheleuten und Lebenspartnern sei unvereinbar mit dem Gleichheitsgebot in Art. 3 Abs.1 GG. Das Gericht ignorierte in diesem Urteil wie schon 2002 den Grund für die Privilegierung von Ehe und Familie in Art. 6 GG, nämlich deren Beitrag zur Regeneration der Gesellschaft und zur Bildung des Humanvermögens der nächsten Generation durch die familiäre Erziehung. Es band die Privilegierung der Ehe fälschlicherweise an die „heterosexuelle" Orientierung, um so eine Diskriminierung der Menschen mit homosexueller Orientierung konstruieren zu können.[4] Die Entscheidung des Gerichts von 2009 war „ein grobes Fehlurteil, in dem die Richter nicht der Verfassung, sondern dem Zeitgeist folgten".[5] Das verfassungsrechtliche Versprechen in Art. 6 Abs. 1 GG, Ehe und Familie einen besonderen Schutz des Staates angedeihen zu lassen, ist durch diese Entscheidung ad absurdum geführt worden.[6]

In seinem Urteil zur Sukzessivadoption vom 19. Februar 2013 stützte sich das Bundesverfassungsgericht erneut auf Art. 3 Abs. 1 GG und bezeichnete die Nichtzulassung einer Sukzessivadoption durch einen eingetragenen Lebenspartner als verfassungswidrig.[7] Ein von einem eingetragenen Le-

---

[4] 1 BvR 1164/07 Rn. 92.

[5] Josef Isensee, Dem Zeitgeist gefolgt, Interview mit der Tagespost vom 27.10.2009.

[6] Christian Hillgruber, Anmerkung zu BVerfG, 1 BvR 1164/07 vom 7.7.2009, in: Juristenzeitung 1/2010, S. 41; Arnd Uhle in Epping/ Hillgruber (Hrsg.), Grundgesetz, 2. Aufl. 2013, Art 6 Rn. 36.3, 37; Christian Seiler, Ehe und Familie – noch besonders geschützt? Der Auftrag des Art. 6 GG und das einfache Recht, in: Arnd Uhle, Hrsg., Zur Disposition gestellt? Der besondere Schutz von Ehe und Familie zwischen Verfassungsanspruch und Verfassungswirklichkeit, Berlin 2014, S. 55f.; Manfred Spieker, Generationenblind und lebensfeindlich. Zur Gleichstellung gleichgeschlechtlicher Lebenspartnerschaften mit der Ehe, in: Die Neue Ordnung, 64. Jg. (2010), S. 203ff.

[7] 1 BvL 1/11, BvR 3247/09.

benspartner adoptiertes Kind müsse auch von dessen gleich-
geschlechtlichem Lebenspartner adoptiert werden können.
Der Bundestag folgte dem Auftrag des Gerichts zur Änderung des Lebenspartnerschaftsgesetzes und des Adoptions-
rechts und beschloss am 20. Juni 2014 ein Gesetz zur Sukzessivadoption durch eingetragene Lebenspartner. Bedenken
gegen die Sukzessivadoption hatte das Bundesverfassungsgericht unter Berufung auf die „ganz überwiegende Zahl der
sachverständigen Stellungnahmen" zurückgewiesen. Sie hätten keine Bedenken gegen das Aufwachsen von Kindern in
gleichgeschlechtlichen Lebenspartnerschaften geäußert. Im
Zentrum der sachverständigen Gutachten steht regelmäßig
die im Auftrag des Bundesfamilienministeriums durchge-
führte Bamberger Studie von Martina Rupp über „Die Le-
benssituation von Kindern in gleichgeschlechtlichen Lebenspartnerschaften", die zu dem Ergebnis kam, Kindern in
gleichgeschlechtlichen Lebenspartnerschaften ginge es ge-
nauso gut wie Kindern in heterosexuellen Familien. Dass
diese Studie auf einer zweifelhaften methodischen Grundlage
durchgeführt wurde, wird nur selten zur Sprache gebracht.[8]
Da es in Deutschland keine amtlichen Daten über Kinder in
eingetragenen Lebenspartnerschaften gibt, wurden entsprechende Eltern in einschlägigen Medien aufgefordert sich für
Interviews zur Verfügung zu stellen. Das Ergebnis war
vorhersehbar. Am Kindeswohl gab es bei den Eltern, die sich
zur Verfügung stellten, keine Zweifel. Auf wesentlich seriö-
serer Grundlage beruht dagegen die kanadische Untersuchung von Douglas W. Allen, dem amtliche Zahlen zur Verfügung standen und der im Hinblick auf den Schulerfolg von
Kindern in gleichgeschlechtlichen Lebensgemeinschaften zu
dem Ergebnis kam, dass Kinder aus gleichgeschlechtlichen
Lebensgemeinschaften gravierende Nachteile haben: Nur
65 % erreichen den High School Abschluss, Mädchen aus

---

[8]   Zu den Ausnahmen gehört Klaus Ferdinand Gärditz, Verfassungsgebot
     Gleichstellung? Ehe und eingetragene Lebenspartnerschaft im Spiegel
     der Judikatur des Bundesverfassungsgerichts, in: Arnd Uhle, Hrsg.,
     Zur Disposition gestellt?, a. a. O., S. 96, FN 47.

lesbischen Haushalten sogar nur zu 35 % und aus schwulen Haushalten nur zu 15 %. Allen lässt es als Ökonom offen, was die Ursache für die deutlich größeren Probleme von Kindern in gleichgeschlechtlichen Haushalten ist. Aber er neigt zu der Ansicht, dass Väter und Mütter sich nicht gegenseitig voll ersetzen können: „Fathers and mothers are not perfect substitutes". Fest steht für ihn jedenfalls, dass die landläufige Ansicht, es gebe keine Unterschiede, nicht haltbar ist.[9]

2. „Serielle Monogamie" und Kinderkrippen – Der 7. Familienbericht der Bundesregierung

Ein zweiter bedeutender Schritt der Implementierung des Gender-Mainstreaming war der im April 2006 von Familienministerin Ursula von der Leyen veröffentlichte 7. Familienbericht der Bundesregierung "Familie zwischen Flexibilität und Verlässlichkeit. Perspektiven für eine lebenslaufbezogene Familienpolitik". Obwohl er in der öffentlichen Debatte weithin unbeachtet geblieben ist, hat er einen nachhaltigen Einfluss auf die Familienpolitik der Bundesregierung, genauer auf ihre Krippenpolitik, ausgeübt. Er geht wie die Gendertheorie davon aus, dass Geschlechterrollen gesellschaftliche Konstruktionen sind. Dementsprechend gilt auch die Familie als „eine soziale Konstruktion".[10] Er sieht in der Familie nicht mehr eine Beziehungseinheit verschiedener Geschlechter und Generationen, für die die natürliche Geschlechter- und Generationendifferenz eine wesentliche Voraussetzung ist, sondern eine Ansammlung von Individuen mit jeweils eigenen Rechten. Die Aufteilung der Arbeiten in

---

[9] Douglas W. Allen, High school graduation rates among children of same-sex households, in: Review of Economics of the Household, vol. 11 (2013), S. 635ff.

[10] Bundesministerium für Familie, Senioren, Frauen und Jugend, Familie zwischen Flexibilität und Verlässlichkeit. Perspektiven für eine lebenslaufbezogene Familienpolitik, 7. Familienbericht, 2006, S. 11f.

Haushalt, Erziehung und Pflege gilt als ein permanenter Aushandlungsprozess.[11] Die auf einer Ehe beruhende Familie aus Vater, Mutter und Kindern, deren Pflege und Erziehung, so Art. 6 Abs. 2 GG, „das natürliche Recht der Eltern und die zuvörderst ihnen obliegende Pflicht" ist, sei als „bürgerliche" Familie ein „Anachronismus".[12] Der bis in die 60er Jahre bestehende „strukturelle und normative Zwang zur Eheschließung" habe sich in den 70er Jahren aufgelöst.[13] In Zukunft werde die Mehrheit der Menschen „unabhängig davon, ob eine Heirat erfolgte oder nicht, im Laufe ihres Lebens multiple Beziehungen mit verschiedenen Lebenspartnern erfahren. Der Wechsel von einem Modell der lebenslangen Ehe zu einem Modell der ‚seriellen Monogamie'" repräsentiere eine grundlegende Veränderung unserer Gesellschaft. Hauptmotiv für das Eingehen einer Ehe sei „die Maximierung des individuellen Glücks in einer auf Dauer angelegten, qualitativ hochwertigen Beziehung", die bei unbefriedigendem Verlauf aufgegeben werde, um „nach besseren Perspektiven zu suchen".[14] Deshalb müsse Familienpolitik „lebenslaufbezogen" sein.

Eine Scheidung gilt in dieser Perspektive als eine Transition „im Entwicklungsprozess der Familie" oder ein „Übergang in einer Reihe familialer Übergänge". Scheidungen sollen „entdramatisiert" werden. Ganz ignorieren kann der Familienbericht die Ergebnisse der Scheidungsforschung aber doch nicht und die sprechen eine eindeutige Sprache. Sie zeigten „insgesamt", dass eine Scheidung „beträchtliche Belastungen für das Leben der Betroffenen mit sich bringen kann, die sich in verschiedenen Lebensbereichen manifestieren und kumuliert auftreten können": Ein niedrigeres Niveau psychischen Wohlbefindens, mehr gesundheitliche Probleme, ein erhöhtes Sterblichkeitsrisiko, einen riskanteren Lebensstil, verstärkten Alkohol- und Drogenmissbrauch, sozia-

---

[11] A. a. O., S. 104
[12] A. a. O., S. 69.
[13] A. a. O., S. 75.
[14] A. a. O., S. 126.

le Isolation und größere ökonomische Belastungen im Vergleich mit Verheirateten. Die lange Liste der beschriebenen Belastungen konterkariert die Behauptung, die Forschungsergebnisse zu den Konsequenzen einer Scheidung seien „uneinheitlich" und zeigten nicht nur negative, sondern „sogar positive Effekte nach einer allenfalls kurzfristigen Beeinträchtigung".[15] Ein zweiter Widerspruch im Gender-Mainstreaming: an der Verharmlosung der Scheidung als Transition im Familienleben wird festgehalten, obwohl die gravierenden Belastungen nicht nur für die Betroffenen, sondern auch für die Gesellschaft bekannt sind und im 7. Familienbericht sogar registriert werden.

Kinderkrippen erhalten in einem Familienalltag, dessen Basis die „serielle Monogamie" ist, und in einer Familienpolitik, die daran anknüpft, eine ganz neue Bedeutung. Sie sind nicht mehr die gelegentlich notwendigen Hilfen zur Unterstützung elterlicher Erziehungsverantwortung, sondern die ruhenden Pole im Alltag einer Patchwork-Familie. Sie sind die Knoten im Netz frühkindlicher Betreuungsorte. „Die Erschließung und Vernetzung der kindlichen Freizeit- und Bildungsorte wird zu einer neuen familialen Aufgabe".[16] Die „Konstrukteure" des Familienlebens nehmen diese Aufgabe aber trotz Art. 6 Abs. 2 GG nicht mehr selbst wahr. Sie übertragen sie der Gesellschaft. Ihr komme eine „besondere Verantwortung" für den gelebten Alltag der Familie zu.[17] Entwicklungspsychologische Bedenken werden zurückgewiesen: Es sei bekannt, „dass Kinder nicht die leibliche Mutter brauchen, ... um verlässliche Beziehungen aufbauen zu können". Dazu würden „feste Bezugspersonen" reichen, die aber „um der Entwicklung emotionaler Autonomie willen möglichst zahlreich sein sollten".[18] Feste Bezugspersonen, aber möglichst zahlreich – ein weiterer Widerspruch im Gender-Mainstreaming, der von den Autoren des Familienberichts

---

[15] A. a. O., S. 116ff.
[16] A. a. O., S. 93.
[17] A. a. O., S. 12f.
[18] A. a. O., S. 91.

nicht bemerkt worden zu sein scheint. Die Konsequenz dieser Perspektive war die starke und einseitige Förderung des Krippenausbaus, die mit dem Tagesbetreuungsausbaugesetz 2004 begann und mit dem Kinderförderungsgesetz 2008 beschleunigt wurde. Das Ziel waren 750.000 Betreuungsplätze in Kindertagesstätten und bei Tagesmüttern für rund ein Drittel der Kinder unter drei Jahren. Auch die Kinder im ersten Lebensjahr, deren Betreuung gemäß dem Elterngeldgesetz von 2006 eigentlich zuhause gefördert werden sollte, wurden nun in die Klientel der Krippenbetreuung einbezogen.[19]

Wer sein Kind zwischen dem 15. und dem 36. Lebensmonat zuhause erziehen will, ohne einen Krippenplatz in Anspruch zu nehmen, erhielt nach einer heftig umstrittenen Ergänzung des Elterngeldgesetzes vom 1. August 2013 an ein Betreuungsgeld, das aber vom Bundesverfassungsgericht am 21. Juli 2015 wegen fehlender Gesetzgebungskompetenz des Bundes wieder kassiert wurde. In der Gender-Perspektive gilt das Betreuungsgeld als Herdprämie, weil es die Mütter von der Erwerbstätigkeit abhalte, also in alten Rollenklischees fixiere und den Kindern das „Bildungsangebot" der Krippen vorenthalte. Da ein Krippenplatz mit rund 1000 Euro monatlich subventioniert wird, war ein Betreuungsgeld von mittlerweile 150 Euro monatlich ohnehin eine Provokation, die Eltern keine echte Wahlfreiheit zwischen familiärer und öffentlicher Betreuung lässt und einmal mehr die Arbeitsmarktorientierung der Familienpolitik dokumentiert.

---

[19]   Manfred Spieker, Voraussetzungen, Ziele und Tabus der Krippenpolitik in Deutschland. Sozialethische Anmerkungen zur Rolle der Familie, in: Kinderbetreuung in der ersten Lebensphase zwischen Familie, Kirche und Staat, Essener Gespräche zum Thema Staat und Kirche, hrsg. von Burkhard Kämper und Hans-Werner Thönnes, Bd. 43, Münster 2009, S. 69ff.

3. „Sexualpädagogik der Vielfalt" – vom Gender-Mainstreaming zum Diversity-Mainstreaming

Ein weiterer Schritt in der Implementierung des Gender-Mainstreaming in Deutschland sind die Pläne und Beschlüsse verschiedener Bundesländer, die Schulen auf die „Sexualpä-dagogik der Vielfalt" zu verpflichten. War der 7. Familienbe-richt der Bundesregierung für das Gender-Mainstreaming noch ein etwas dorniges Gelände, weil trotz Gender-Perspek-tive immer noch von der Familie die Rede sein musste und der 8. Familienbericht 2012 in der Amtszeit von Familienmi-nisterin Kristina Schröder unter dem Aspekt einer „Familien-zeitpolitik" sogar leichte Korrekturen versuchte und, horri-bile dictu, ein „Family-Mainstreaming" vorschlug,[20] so sind die Strategien der „Sexualpädagogik der Vielfalt" das eigent-liche Schlachtfeld des Gender-Mainstreaming. Was ist die „Sexualpädagogik der Vielfalt"? Keine neue Variante des Sexualkundeunterrichts! Auch keine neue Antidiskriminie-rungskampagne! Die „Sexualpädagogik der Vielfalt" bedient sich des unverfänglichen, in der Regel positive Konnotatio-nen auslösenden Begriffs der „Vielfalt", um den gesamten Unterricht in allen Fächern und Schulstufen dazu zu nutzen, die „Zwangsheterosexualität" infrage zu stellen und alle se-xuellen Orientierungen und Praktiken als normal und gleich-wertig zu präsentieren.

Gender-Mainstreaming, so Uwe Sielert, der akademische Kopf der „Sexualpädagogik der Vielfalt" auf der Homepage der Bundeszentrale für gesundheitliche Aufklärung schon 2001, ist für diese Pädagogik nur „ein Anfang in die richtige Richtung", ein „Baustein im Rahmen einer breiteren sexual-pädagogischen Strategie", an deren Ende das „Diversity-Mainstreaming" steht.[21] Gender-Mainstreaming helfe, die

---

[20] Bundesministerium für Familie, Senioren, Frauen und Jugend, Zeit für die Familie. Familienzeitpolitik als Chance einer nachhaltigen Fami-lienpolitik, 8. Familienbericht, Berlin 2012, S. 2.

[21] Uwe Sielert, Gender-Mainstreaming im Kontext einer Sexualpädago-gik der Vielfalt, a. a. O., S. 7.

„kulturell vorgestanzte Dichotomie" der Geschlechter zu überwinden. Das Diversity-Mainstreaming, das in den seither vergangenen 15 Jahren weit vorangekommen ist, geht einen Schritt weiter. Es will nicht nur die Gleichberechtigung von Homo- und Heterosexualität erreichen, sondern auch „die potenzielle Vielfalt der Lebensweisen … zwischen den polaren Identitätsangeboten", ermöglichen.[22] Es propagiert darüber hinaus alle Formen der Familie und der Reproduktion, „Generativität" genannt, einschließlich künstlicher Befruchtung und Leihmutterschaft als gleichwertig. Dies entspricht dem Prinzip 33 der Yogyakarta-Prinzipien, das fordert, „die Staaten müssen alle erforderlichen gesetzgeberischen, administrativen und sonstigen Maßnahmen ergreifen, um das Recht auf Gründung einer Familie ohne Diskriminierung aufgrund der sexuellen Orientierung oder geschlechtlichen Identität zu gewährleisten. Dies gilt auch für den Zugang zu Adoption und medizinisch unterstützter Fortpflanzung (einschließlich Samenspenden).[23] Die „Sexualpädagogik der Vielfalt" habe, so Sielert, „Heterosexualität, Generativität und Kernfamilie zu ‚entnaturalisieren'"[24] und „Lust, Zärtlichkeit und Erotik als Energiequelle für Lebensmut und Wohlbefinden, auch unabhängig von Ehe und Liebe in allen Altersphasen" zu vermitteln. Sie soll „Erlebnisräume öffnen, damit Kinder und Jugendliche gleichgeschlechtliches ebenso wie heterosexuelles Begehren ausdrücken und leben können".[25]

Wie Judith Butler so geht auch Uwe Sielert von einer konstruktivistischen Anthropologie aus, für die es keine menschliche Natur, kein reales Selbst, sondern nur das „erzählte und konstruierte Selbst" gibt, das „letztlich ein Fluss, ein Prozess, ein Suchgeschehen" ist. Das Selbst werde „durch unsere Selbstentfaltung und die Konstruktion von Sinn" gebaut. Wer dagegen auf „kulturell festgelegte Markierungen"

---

[22] A. a. O., S. 6f.
[23] Die Yogyakarta-Prinzipien, a. a. O., S. 33.
[24] Uwe Sielert, a. a. O., S. 1.
[25] A. a. O., S. 6f.

wie Geschlecht, Kernfamilie und biologische Elternschaft Wert lege, wolle nur „dem aufregenden und zugleich befriedigenden Selbstentwurf" aus dem Weg gehen.[26] Wer mit dieser konstruktivistischen Anthropologie konfrontiert ist, steht etwas ratlos vor der Frage, welches „Selbst" dann ein Mensch hat, der sich noch nicht oder nicht mehr an der „Konstruktion von Sinn" beteiligen kann, wie Ungeborene, Neugeborene, demente oder bewusstlose Personen.

In ihrem Standardwerk mit dem Titel „Sexualpädagogik der Vielfalt" haben Schüler von Uwe Sielert diesen sexualpädagogischen Ansatz dann für die Anwendung in Schule und Jugendarbeit herunter gebrochen.[27] Sie wollen Kindern und Jugendlichen zwischen 8 und 16 Jahren Wege in jene „Erlebnisräume" weisen, in denen Lust, Zärtlichkeit und Erotik erfahren werden und gleichgeschlechtliches und heterosexuelles Begehren als gleichwertig gelten. Das Lernziel für 13-jährige Jugendliche der 7. Klasse lautet: „Heterosexualität als Norm infrage stellen".[28] Die vielfältigen Vorschläge für praktische Übungen im Unterricht umfassen die Erörterung verschiedener Gegenstände wie Dildos, Anti-Baby-Pillen, Vaginalkugeln, Potenzmitteln und Kamasutra, die von 14-jährigen Jugendlichen verschiedenen Parteien eines Mietshauses zugeordnet werden sollen[29] und die Konstruktion eines „Puffs für alle", bei der Jugendliche ab 15 Jahren von der Übungsleitung ermuntert werden sollen, „Sexualität sehr vielseitig zu denken", um ein Angebot für die verschiedenen sexuellen Vorlieben bereithalten zu können und ein „Freudenhaus der sexuellen Lebenslust" zu kreieren.[30] Auch Körperübungen, die für Beziehungen relevant sind, werden von

---

[26] A. a. O., S. 5.
[27] Elisabeth Tuider, u.a., Sexualpädagogik der Vielfalt. Praxismethoden zu Identitäten, Beziehungen, Körper und Prävention für Schule und Jugendarbeit, 2. Aufl. Weinheim/Basel 2012.
[28] A. a. O., S. 99.
[29] A. a. O., S. 51.
[30] A. a. O., S. 75f. Diese Übung, so die Autoren, „birgt viel Spaß und Humor in der Auseinandersetzung mit sexueller Vielfalt".

den Autoren vorgeschlagen. So sollen Jugendliche ab 16 Jahren in einer „Rückenwalzer" genannten „Intensivübung" sich paarweise aufmerksam anschauen, dann Rücken an Rücken setzen und bei Entspannungsmusik fünf Minuten ihre Körper gegenseitig erspüren, um sich danach über ihre Empfindungen auszutauschen,[31] und in einer „Gänsehaut" genannten Übung für Kinder ab 10 Jahren sollen sich die Teilnehmer mit leichter Bekleidung in einem „von außen nicht einsehbaren Raum" auf Decken legen und ebenfalls bei leiser Entspannungsmusik an empfindlichen Körperstellen streicheln.[32]

Die Gewerkschaft Erziehung und Wissenschaft Baden-Württemberg bietet Lehrern mit ihrer „Unterrichtshandreichung" „Lesbische und schwule Lebensweisen – ein Thema für die Schule" eine Indoktrinationsanleitung an, in der gezeigt wird, wie sexuelle Vielfalt in allen Schulfächern zum Thema gemacht werden kann, um dem „heimlichen Lehrplan" entgegenzuwirken, „der die Heterosexualität zur nicht hinterfragbaren Norm macht".[33] Im fächerübergreifenden Unterrichtsentwurf ab Klasse 7 sollen Schüler Fragen beantworten wie „Woher glaubst du kommt deine Heterosexualität?" und „Wann und warum hast du dich entschlossen, heterosexuell zu leben?"[34] In den Bausteinen für den Religionsunterricht behauptet die Unterrichtshilfe, dass die neutestamentlichen Aussagen zur Homosexualität „in den Kontext der antiken Kultur" gehören, die sich aber „letzten Endes gegen die zentralen Impulse des Evangeliums nicht behaupten" konnten.[35] Die Bundeszentrale für gesundheitliche Aufklärung ist überzeugt, dass bereits Kindergärten und Kindertagesstätten „Sexualaufklärung flächendeckend als Bildungs-

---

[31] A. a. O., S. 149f.
[32] A. a. O., S. 178.
[33] Gewerkschaft Erziehung und Wissenschaft, Lesbische und Schwule Lebensweisen – ein Thema für die Schule, Stuttgart 2013, S. 9.
[34] A. a. O., S. 20.
[35] A. a. O., S. 29.

aufgabe wahrnehmen müssen".[36] Sie bietet Materialien, die
der „Sexualpädagogik der Vielfalt" folgen. Die Kindergar-
tenbox „Entdecken, Schauen, Fühlen" mit den Stoffpuppen
Lutz mit Penis und Hoden und Linda mit Scheide schließt an
das Aufklärungsbuch „für Kinder und ihre Eltern" von Frank
Herrath und Uwe Sielert „Lisa und Jan" an.[37] Ziel beider Angebote ist es, den Kindern deutlich zu machen, dass sie spie-
lerisch sexuelle Lusterfahrungen sammeln sollen.

Die „Sexualpädagogik der Vielfalt" geriet wegen des
Lehrbuchs von Elisabeth Tuider und des Aufklärungsbuches
„Lisa und Jan" von Herrath und Sielert ab 2014 zunehmend
in die Kritik. Den Büchern wurde Anleitung zum Sex, Ver-
letzung des Schamgefühls der Kinder und Jugendlichen,[38]
Verwischung der Grenzen zwischen den Generationen und
Übernahme der pädophilen Propaganda vorgeworfen.[39] Der
Missbrauchsbeauftrage der Bundesregierung Johannes-Wilhelm Rörig kritisierte diese Aufklärung als „grenzüberschrei-
tend und nicht akzeptabel".[40] Verschiedene Landesregierun-
gen, so Hamburg und Baden-Württemberg, gingen auf Dis-

---

[36] Bundeszentrale für gesundheitliche Aufklärung, Forum Sexualaufklärung und Familienplanung 4/2003 Sexualerziehung im Kindergarten,
Köln 2003.

[37] Frank Herrath/Uwe Sielert, Lisa und Jan. Ein Aufklärungsbuch für
Kinder und ihre Eltern, 3. Aufl. Weinheim 1996.

[38] Antje Schmelcher, Unter dem Deckmantel der Vielfalt, in: FAZ online
vom 14.10.2014; Martin Voigt, Aufklärung oder Anleitung zum Sex?,
in: FAZ vom 23.10.2014; Heike Schmoll, Das gute Recht der Eltern,
in: FAZ vom 11.11.2014; Melanie Mühl, Womit fängt guter Sex an?,
in: FAZ vom 8.4.2015; Martin Voigt, Keine Chance für die Liebe, in:
Junge Freiheit vom 14.11.2014; Karla Etschenberg, Das ist Sexualisie-
rung, Interview mit Moritz Schwarz, in: Junge Freiheit vom 14.11.
2014; Christian Weber, Was sie noch nie über Sex wissen wollten, in:
Süddeutsche Zeitung vom 24.4.2014; Alexander Kissler, Sex ist die
neue Algebra, in: Cicero vom 16.12.2014; Birgit Kelle, GenderGaga.
Wie eine absurde Theorie unseren Alltag erobern will, Asslar 2015, S.
90ff.

[39] Gerhard Amendt, „Sollen sich die Kinder doch wehren", in: FAZ vom
31.12.2014.

[40] Johannes-Wilhelm Rörig, Sexualpädagogik hat Grenzen, in: taz vom
16.2.2015.

tanz zu dem Buch von Tuider und erklärten, es in der Liste der empfohlenen Literatur streichen zu wollen. Aber keine rot-grüne Landesregierung hat deshalb die Absicht aufgegeben, die Schulen auf die „Sexualpädagogik der Vielfalt" zu verpflichten. Nicht nur rot-grüne Länder, auch das von CDU und SPD regierte Saarland hat sich die „Sexualpädagogik der Vielfalt" zu eigen gemacht. In den Richtlinien zur schulischen Sexualerziehung von 2013 gelten alle Formen sexueller Orientierung als gleichwertig. „Hetero-, Bi-, Homo-, Trans- und Intersexualität sind gleichwertige Ausdrucksformen des menschlichen Empfindens und der menschlichen Identität".[41] Der niedersächsische Landtag beauftrage am 15. Dezember 2014 mit den Stimmen der Regierungsfraktionen von SPD und Bündnis 90/Die Grünen sowie einigen Stimmen der FDP die Landesregierung, die Schulen zu verpflichten, die Vielfalt sexueller und geschlechtlicher Identitäten und gleichgeschlechtliche Lebensweisen sowie „Homo-, Bi-, Trans- und Intersexualität" zu behandeln. In die Aus- und Fortbildung der Lehrkräfte müssen Angebote aufgenommen werden, durch die sie „für die Diversität der sexuellen und geschlechtlichen Identitäten sensibilisiert und für den Umgang mit der Vielfalt qualifiziert werden". Diese „Vielfalt" ist in den Kerncurricula aller Klassenstufen zu behandeln. Sie ist auch „zum Kriterium für die Genehmigung von Schulbüchern zu machen" und bei der Erstellung von Schulprogrammen und Anti-Mobbing-Konzepten zu berücksichtigen. Die Schulbuchverlage werden verpflichtet, „in den Schulbüchern und Materialien für alle Fächer die Vielfalt sexueller und geschlechtlicher Identitäten zu berücksichtigen, angemessen zu behandeln und abzubilden". Die Schulen sollen mit schwulen und lesbischen Initiativen zusammenarbeiten, die „Schulaufklärungsprojekte" durchführen und ihnen Zugang zum Unterricht gewähren. Eine solche Lobby-Gruppe wird besonders herausgehoben: SchLAu Niedersachsen, die schwul-lesbische Aufklärung Niedersachsen sei

---

[41] Ministerium für Bildung und Kultur des Saarlandes, Hrsg., Richtlinien zur Sexualerziehung an den Schulen, Saarbrücken 2013, S. 11.

„vom Land zu unterstützen".[42] Begründet wurde der Beschluss mit der mangelhaften Unterstützung der Persönlichkeitsentwicklung „homo-, bi-, inter- und trans- und asexuel-
ler Kinder und Jugendlicher" sowie „einem ausgeprägt
homophoben Klima in den Schulen".[43] Wenn die sexuelle
„Vielfalt" zum Kriterium der Genehmigung von Schulbüchern in allen Fächern erklärt wird, hat dies zur Folge, dass
der gesamte Schulunterricht gegendert werden muss, dass
weder in der Mathematik noch in den Naturwissenschaften,
weder in Musik noch in Religion ein Schulbuch genehmi-
gungsfähig ist, das ohne Hinweise oder Beispiele auf Homosexualität oder „Diversity" auskommen zu können glaubt.
Die Zivilgesellschaft, mit der die Schulen bei ihren „Aufklä-
rungsprojekten" zusammenarbeiten sollen, wird auf das
LSBTI-Spektrum reduziert. Familienverbände, die an sach-
gerechter Aufklärung nicht weniger Interesse haben, kommen darin nicht vor. Gerichtliche Auseinandersetzungen um
die „Sexualpädagogik der Vielfalt" sind deshalb bald zu erwarten.[44]

Mehrere Bundesländer haben mit rot-grünen Mehrheiten
nicht nur ähnliche Beschlüsse gefasst wie Niedersachsen,
sondern auch schon umfangreiche Aktionspläne verabschie-
det (Nordrhein-Westfalen, Rheinland-Pfalz, Schleswig-Holstein, Berlin) oder vorbereitet (Baden-Württemberg), in denen eine Fülle von Maßnahmen zur Förderung der „Diversity" aufgelistet werden. Auch das von CDU und SPD regierte Land Sachsen-Anhalt hat am 29. Januar 2015 einstimmig
einen solchen von den Oppositionsfraktionen der Linken und

---

[42]   Niedersächsischer Landtag, Drucksache 17/2585.

[43]   Niedersächsischer Landtag, Antrag der Fraktionen der SPD und von
Bündnis 90/Die Grünen, Schule muss der Vielfalt sexueller und geschlechtlicher Identitäten gerecht werden – Persönlichkeitsentwicklung
der Kinder und Jugendlichen fördern – Diskriminierung vorbeugen
vom 18.3.2014, Drucksache 17/1333.

[44]   Christian Hillgruber, Verfassungsrechtliche Grenzen einer „Sexualpädagogik der Vielfalt" in der staatlichen Schule, Manuskript, S. 6, erscheint 2016 in einem von Arnd Uhle herausgegebenen Sammelband
bei Duncker und Humblot.

von Bündnis 90/Die Grünen beantragten Aktionsplan gegen Homophobie beschlossen.[45] Diese Aktionspläne betreffen nicht nur die Schulen, sondern die gesamte Verwaltung einschließlich der Kommunen, die Polizei und die Justiz, Kindergärten[46] und Hochschulen, soziale Einrichtungen, Rundfunk- und Fernsehräte und auch die Zivilgesellschaft. Sie werden begleitet von der Errichtung neuer Abteilungen und Referate in Ministerien und der Schaffung neuer Haushaltstitel. Sie wollen nicht nur Diskriminierungen abbauen und Toleranz fördern, sondern eine „sichtbare Wertschätzung von Menschen mit unterschiedlichen sexuellen und geschlechtlichen Identitäten in der Gesellschaft fördern".[47] Im Hinblick auf die Zivilgesellschaft werden breite Fördermaßnahmen für schwule und lesbische Interessengruppen, Aufklärungsinitiativen und Beratungseinrichtungen beschlossen. Gruppen, die kein Interesse an der sexuellen Vielfalt haben oder sie ablehnen, wird dagegen mit Umerziehungs- und Sanktionsmaßnahmen gedroht. So verpflichtet Berlin alle Empfänger öffentlicher Leistungen und Fördermittel „in besonderer Weise ..., sich mit der kulturellen Vielfalt und der Unterschiedlichkeit sexueller Orientierung, Identitäten und individuellen Lebensentwürfen auseinander zu setzen." Der Senat wird aufgefordert, einen Dialog mit den Religionsgemeinschaften

---

[45] Sachsen-Anhalt, Implementierung und Umsetzung des Gesamtgesellschaftlichen Aktionsplans für Akzeptanz von Lesben und Schwulen, Bisexuellen, Trans- und Intersexuellen (LSBTI) und gegen Homo- und Transphobie in Sachsen-Anhalt, Drucksache 6/3762.

[46] In Baden-Württemberg beschloss die rot-grüne Landesregierung schon 2010 eine eigene Arbeitshilfe für die Kindertagesstätten „Gleichstellung beginnt im Kindergarten. Eine Arbeitshilfe zur Umsetzung des Gender-Mainstreaming in Kindertagesstätten", Fassung Januar 2013. Das 80seitige Papier gleicht eher einer Masterarbeit in einem Pädagogik-Studiengang.

[47] NRW-Aktionsplan der Landesregierung für Gleichstellung und Akzeptanz sexueller und geschlechtlicher Vielfalt – gegen Homo- und Transphobie, 2012, S. 9.

zu führen, „um Akzeptanz sexueller Vielfalt zu erreichen".[48] Auch Schleswig-Holstein sieht in Kirchen und Religionsgemeinschaften ein Hindernis für die Diversity-Politik. Die Ministerien sollen ihre Maßnahmen gegen Diskriminierung und Homophobie ausbauen. Dazu gehöre u.a. „die Auseinandersetzung mit Glaubensgemeinschaften".[49]

Baden-Württemberg ging im Entwurf seines Aktionsplans „Für Akzeptanz und gleiche Rechte Baden-Württemberg" mit über 200 Maßnahmen noch einen Schritt weiter. An allen Hochschulen sollten „LSBTTIQ-Lehrstühle" errichtet werden. Hochschulen, die „ein veraltetes Menschenbild lehren", sollten Zuschüsse gekürzt oder gestrichen werden. Eine „aktive Medienbeobachtung" sollte transphobe und homophobe Medieninhalte sanktionieren. „Institutionen, die diskriminieren (wie z.B. Kirchen)" sollten keine Unterstützung mehr erhalten. Religionsgemeinschaften sollten „Segnungen gleichgeschlechtlicher Paare" und „Queere Gottesdienste" ermöglichen.[50] In dem von der Landesregierung beschlossenen und im Juni 2015 veröffentlichten Aktionsplan sind einige der Absichten, die den Indoktrinationsgeist am unverblümtesten zum Ausdruck brachten, eliminiert worden. Die Errichtung von Gender-Professuren wird nun der Autonomie der Hochschulen überlassen und mit den Kirchen sollen nur noch „Gespräche zum Thema Antidiskriminierung" geführt werden.[51] Aber auch diese Absicht zeigt, dass die Landesregie-

---

[48] Berlin, Maßnahmenpaket zur Bekämpfung von Homophobie/Initiative „Berlin tritt ein für Selbstbestimmung und Akzeptanz sexueller Vielfalt", 2009, S. 19f.

[49] Schleswig-Holstein, Antrag „Miteinander stärken, Homophobie und Diskriminierung bekämpfen" von SPD, Bündnis 90/Die Grünen, FDP. Piraten und SSW vom 23.1.2014, Drucksache 18/1459(neu), S. 2.

[50] Baden-Württemberg, Aktionsplan „Für Akzeptanz und gleiche Rechte Baden-Württemberg", in: www.demofueralle.wordpress.com/2015/03/20/umerziehungsprogramm-der-lsbttiq-community-fur-baden-wurttemberg/ (abgerufen am 12.6.2015).

[51] Ministerium für Arbeit und Sozialordnung, Familie, Frauen und Senioren, Hrsg., Aktionsplan für Akzeptanz und gleiche Rechte Baden-Württemberg, Stuttgart 2015, S. 27 und 31.

rung offenkundig der Meinung ist, sie müsste die Kirchen in Sachen Antidiskriminierung belehren. Das Ziel des Aktionsplanes bleibt unverändert nicht nur Toleranz, sondern Akzeptanz aller sexuellen Orientierungen und die staatliche Unterstützung für die LSBTTIQ-Agenda in der Verwaltung, im Bildungswesen, in Polizei und Justiz und selbst in der Wirtschaft und der Zivilgesellschaft. Dafür wird mit dem Netzwerk LSBTTIQ Baden-Württemberg eine Zielvereinbarung geschlossen, die ihm finanzielle Mittel im Haushaltsplan zur Verfügung stellt.[52] Die Landesregierung verspricht auch, sich für die Legalisierung der Ehe für alle einzusetzen. Fast 200.000 Menschen haben 2014 eine Petition an den Landtag gegen die dem Aktionsplan entsprechende Bildungsplanreform unterzeichnet und mehrere Tausend Menschen haben bei Demonstrationen 2014 und 2015 in Stuttgart gegen diese Bildungsplanreform protestiert.[53] Die Bildungsplanreform wurde daraufhin verschoben, aber nicht aufgegeben. Sie soll zum Schuljahr 2016/17 in Kraft treten.

Die Aufmerksamkeit für Kirchen und Religionsgemeinschaften in den Aktionsplänen nicht nur Baden-Württembergs entspricht der von Dale O'Leary in ihrem Buch „The Gender Agenda" beschriebenen Strategie der Weltfrauenkonferenz in Peking, dass Religionsgemeinschaften, die sich dem Gender-Mainstreaming widersetzen, bekämpft oder der Lächerlichkeit preisgegeben werden sollen.[54]

Das Gender-Mainstreaming hat sich in den vergangenen 15 Jahren weitgehend durchgesetzt. Seine Implementierung hat Deutschland verändert. Die Lobby der Homosexuellen erweckt den Anschein, eine breite gesellschaftliche Bewegung zu sein, obwohl der Anteil der Homosexuellen auch

---

[52] A. a. O., S. 11.

[53] https://demofueralle.wordpress.com/presse/ und http://www.bildungs plan2015.de/ (abgerufen am 4.5.2015).

[54] Dale O'Leary, The Gender Agenda, Huntington House Publishers 1997, ausführliche deutsche Zusammenfassung von Christl R. Vonholdt, in: www.dijg.de/gender-mainstreaming/dale-o-leary-agenda-konzept-hintergrund

nach den Angaben in den Aktionsplänen nur rund fünf Prozent beträgt. Vermutlich ist er noch viel geringer. Nach den Zahlen des Statistischen Bundesamtes gab es in Deutschland 2011 rund 67.000 gleichgeschlechtliche Lebensgemeinschaften, von denen rund 27.000 eingetragene Lebenspartnerschaften waren.[55] Bis 2013 stieg die Zahl der eingetragenen Lebenspartnerschaften auf 35.000. Homosexualität gilt in Deutschland wie in den meisten Staaten des Westens inzwischen als „normal". Nur eine Minderheit sieht dies anders und eine noch kleinere Minderheit wagt dies auch auszusprechen und praktizierte Homosexualität als unsittlich zu bezeichnen. Viele Maßnahmen in den Aktionsplänen der Bundesländer zwingen zu dem Schluss, dass Kritiker der Diversity-Politik und der „Sexualpädagogik der Vielfalt" als „homophob", also als krank und behandlungsbedürftig gelten. Die Bevorzugung der Heterosexualität und das Festhalten an Art. 6 GG gelten bestenfalls als antiquiert, die Kritik an der Gleichstellung aller Formen der sexuellen Orientierung als zu bekämpfende Diskriminierung oder, schlimmer noch, als Hasskriminalität, gegen die mit den Mitteln des Strafrechts vorgegangen werden soll, wie das EU-Parlament in dem am 4. Februar 2014 angenommenen Bericht der österreichischen Abgeordneten der Grünen Ulrike Lunacek forderte.[56] Auch in dem am 9. Juni 2015 vom EU-Parlament mit 341 gegen 281 Stimmen bei 81 Enthaltungen angenommenen Bericht der bayrischen SPD-Abgeordneten Maria Noichl wird mit Hinweis auf den 20. Jahrestag der Weltfrauenkonferenz in Peking eine Verstärkung des Gender-Main-

---

[55] Jana Nürnberg, Daten zu gleichgeschlechtlichen Lebensgemeinschaften und zu eingetragenen Lebenspartnerschaften, Ausarbeitung des Wissenschaftlichen Dienstes des Deutschen Bundestages WD9-3000-039/13, Berlin 2013.

[56] EU-Parlament, Bericht über den EU-Fahrplan zur Bekämpfung von Homophobie und Diskriminierung aus Gründen der sexuellen Orientierung und der Geschlechtsidentität (2013/2183 (INI)). Über die LGBT-Intergroup, die Homo-Lobby im EU-Parlament, übt Lunacek als Co-Vorsitzende Druck auf die Gender-Orientierung des Parlaments und der Verwaltung der EU aus (www.lgbt-ep.eu).

streaming gefordert. Dazu gehören neben der Entwicklung von Sexualerziehungsprogrammen in den Schulen, der Beendigung der „Diskriminierung" beim Zugang zur assistierten Reproduktion, sicherer und legaler Abtreibung und Verhütung auch für junge Menschen, der Förderung der öffentlichen Kinder- und Altenbetreuung zwecks stärkerer Beteiligung von Frauen am Arbeitsmarkt, auch Gleichstellungsberichte der Mitgliedsstaaten und eine Medienkontrolle im Hinblick auf stereotypische Geschlechtsrollen.[57]

Im Bundestag wollte die Fraktion von Bündnis 90/Die Grünen 2013 einen Beschluss herbeiführen, der das Angebot von Therapien bei Minderjährigen, die Probleme mit ihrer homosexuellen Orientierung haben und deshalb eine Therapie wünschen, verbietet. Dies stieß auf den Widerstand nicht nur von Organisationen von Menschen, die ihre homosexuelle Orientierung verändert haben oder verändern wollen und entsprechende Hilfen anbieten, sondern auch von Psychotherapeuten, die sich in ihrer Therapiefreiheit eingeschränkt sahen. Dabei zeigt sich ein weiterer Widerspruch des Gender-Mainstreaming: Die Bewegung, die für die Auflösung der „Zwangsheterosexualität" kämpft, tut alles, um die Veränderbarkeit von homosexuellen Neigungen zu leugnen und Informationen über therapeutische Hilfen für Menschen, die unter homosexuellen Neigungen leiden und sie verändern wollen, zu unterdrücken.[58] Die Antidiskriminierungskampagne der Homo-Lobby nimmt selbst diskriminierende Formen an. Es genügt ihr nicht, „dass sie die Entfaltungsfreiheit für ihre Klientel und die Meinungsführerschaft erstritten hat, sie will jetzt der Minderheit, die noch immer eine abweichende Meinung vertritt, die Freiheit nehmen, Homosexualität weiterhin negativ zu bewerten und ihr Verhalten gegenüber

---

[57] Bericht über die EU Strategy for equality between women and men post 2015 (2014/2152(INI)), in: http://www.europarl.europa.eu/sides/getDoc.do?pubRef=-//EP//TEXT+TA+P8-TA-2015-0218+0+DOC+XML+V0//DE&language=DE (abgerufen am 12.6.2015).

[58] Gabriele Kuby, Die globale sexuelle Revolution. Zerstörung der Freiheit im Namen der Freiheit, Kißlegg 2012, S. 231ff.

Dritten an dieser Bewertung zu orientieren".[59] So wurde Rocco Buttiglione 2004 als designierter italienischer EU-Kommissar für Justiz wegen seiner katholischen Bewertung praktizierter Homosexualität als Sünde vom Innenausschuss des EU-Parlaments an der Übernahme des Amtes gehindert.[60] Die katholische Kirche in Großbritannien sah sich 2014 genötigt, kirchliche Agenturen für Adoptionsvermittlung zu schließen bzw. ihnen die Unterstützung zu entziehen, weil sie durch „Antidiskriminierungsgesetze" gezwungen wurden, Kinder auch an gleichgeschlechtliche Paare zu vermitteln. Die Gender-Lobby will nicht nur Toleranz, sie besteht auf Akzeptanz. Sie verlangt, ihre Vorstellungen von Geschlecht und Sexualität gutzuheißen. Akzeptanz zu verweigern heißt für sie diskriminieren. Die Gender-Lobby benimmt sich wie Heinrich VIII., dem es im 16. Jahrhundert nicht genügte, dass sein Kanzler Thomas Morus zu seiner Scheidung und Wiederverheiratung schwieg. Er bestand darauf, dass Thomas Morus seine neue Ehe gutzuheißen habe. Weil Thomas Morus, wie auch der Bischof von Rochester John Fisher als einziger der englischen Bischöfe, dies ablehnte, wurden beide hingerichtet.

---

[59] Christian Hillgruber, Wo bleibt die Freiheit der anderen? Ein Plädoyer für den Schutz einer neuen Minderheit, in: FAZ vom 21.2.2014.

[60] Vgl. das Interview mit Rocco Buttiglione in: Junge Freiheit vom 2.12.2005, S. 4.

III. Gender-Mainstreaming und Kirchen

Es fehlt nicht an kritischen Stimmen von Christen gegenüber dem Gender-Mainstreaming. Aber es fehlt auch nicht an Stimmen und Beschlüssen, die das Gender-Mainstreaming in die Kirchen implementieren wollen. Unter letzteren ragt die Familien-Denkschrift der EKD von 2013 hervor, die „Familie neu denken" und die Vielfalt von privaten Lebensformen unterstützen will. Für sie sind gleichgeschlechtliche Partnerschaften auch biblisch begründet und „in theologischer Sicht als gleichwertig" mit der Ehe anzuerkennen.[1] Im Hinblick auf die Familie folgt die „Orientierungshilfe" der EKD weitgehend dem 7. Familienbericht der Bundesregierung. Kinderkrippen sind in dieser Perspektive Bildungseinrichtungen, deren Besuch für die Entwicklung auch der unter Dreijährigen förderlich sei.[2] Eine zukunftsorientierte Familienpolitik müsse von der „gemeinsamen, öffentlichen und privaten Verantwortung für die Erziehung, Bildung und Betreuung von Kindern" ausgehen.[3] Das Betreuungsgeld wird abgelehnt, weil es die Bildungsbeteiligung von Kindern und die Erwerbstätigkeit von Eltern verringere statt sie zu erhöhen.[4] Die Familiendenkschrift der EKD verrät die Handschrift der stellvertretenden Vorsitzenden der Vorbereitungskommission Ute Gerhard, die schon 2007 ganz auf der Linie des Gender-Mainstreaming für einen „offenen Familienbegriff" und einen neuen „Geschlechtervertrag" eintrat. Ein Ehevertrag begründe, so Gerhard, ein „Herrschaftsverhältnis". Der Anstieg der Scheidungen sei kein Zeichen des Verfalls, sondern ein Zeichen der Befreiung von Bevormundung und Abhängigkeit. Den Kirchen warf sie vor, im Kampf um die Durchset-

---

[1] Zwischen Autonomie und Angewiesenheit. Familie als verlässliche Gemeinschaft stärken, Eine Orientierungshilfe des Rates der EKD, Gütersloh 2013, Ziffer 51.
[2] A. a. O., Ziffer 74.
[3] A. a. O., Ziffer 77.
[4] A. a. O., Ziffer 116.

zung des Art. 3 gegen Art. 6 GG eine „retardierende Rolle" zu spielen.[5] Trotz vielfältiger Kritik nicht zuletzt durch den früheren Ratsvorsitzenden Wolfgang Huber hielt die EKD an dieser Denkschrift fest. Das 2013 gegründete Studienzentrum der EKD für Genderfragen soll die Genderperspektiven im kirchlichen Handeln verstetigen und alle vernetzen, die in „feministischer und geschlechterbewusster Theologie" arbeiten.

1. Anpassungen an das Gender-Mainstreaming in der katholischen Kirche

In der katholischen Kirche reichen die positiven Stimmen zum Gender-Mainstreaming von naiver Rezeption der Gender-Perspektive über problematische Anpassungen bis zu missionarischem Eifer, das „befreiende Potential" der Gender-Perspektive für die Kirche fruchtbar zu machen. Beispiele für die naive Rezeption der Gender-Perspektive sind die Funktionsbeschreibung der Stelle der Gleichstellungsbeauftragten im Bistum Hildesheim, die Antwort des Deutschen Caritasverbandes auf eine Anfrage, was er unter Gender verstehe, die Broschüre des Katholischen Deutschen Frauenbundes „Gender, Gender Mainstreaming und Frauenverbandsarbeit" sowie der Flyer der Arbeitsstellen für Frauenseelsorge und für Männerseelsorge der Deutschen Bischofskonferenz „Geschlechtersensibel: Gender katholisch gelesen". Für manche dieser Positionen mag das Urteil „naiv" noch wohlwollend sein. Die Gleichstellungsbeauftragte des Bistums Hildesheim hat „ein Genderbewusstsein zu schaffen" und in herausgehobener Position zusammen mit dem Generalvikar für eine „genderorientierte Personalentwicklung" zu sorgen.[6] Für den Deutschen Caritasverband bedeutet

---

5   Ute Gerhard, Familie aus der Perspektive der Geschlechtergerechtigkeit – Anfrage an das christlich-abendländische Eheverständnis, in: Zeitschrift für evangelische Ethik, 51. Jg. (2007), S. 267ff.
6   Kirchlicher Anzeiger für das Bistum Hildesheim Nr. 4/2014, S. 126f.

Gender-Mainstreaming, „dass Angebote und Dienste so gestaltet werden, dass kein Geschlecht benachteiligt wird und die Interessen von Jungs und Mädchen/Männer und Frauen gleichberechtigt Berücksichtigung finden".[7] Für den Katholischen Deutschen Frauenbund und für den Flyer der Deutschen Bischofskonferenz ist Gender-Mainstreaming eine Strategie, die auf Chancengleichheit und Geschlechtergerechtigkeit zielt.[8] Das Generalvikariat des Bistums Hildesheim, der Deutsche Caritasverband, der Katholische Deutsche Frauenbund und der Flyer der Bischofskonferenz scheinen Gender-Mainstreaming mit Gleichberechtigung der Geschlechter und Förderung von Frauen in Leitungspositionen zu verwechseln.

Problematische Anpassungen an das Gender-Mainstreaming finden sich nicht nur in familienpolitischen Beschlüssen des Zentralkomitees der deutschen Katholiken, sondern auch in der Revision des kirchlichen Arbeitsrechts durch die Mehrheit der deutschen Bischöfe am 27. April 2015 und auch im Flyer der Bischofskonferenz. Schon in der familienpolitischen Erklärung „Familienpolitik: geschlechter- und generationengerecht" vom 20. Mai 2008 verabschiedete sich das ZdK mit etwas gewundenen Formulierungen vom klassischen Familienverständnis der katholischen Kirche: „Wenn nicht nur Familie als solche, sondern ein bestimmtes (de facto historisch und kulturell bedingtes) Familienverständnis oder Familienbild als ‚natürliches' vorausgesetzt wird, liegt darin die Gefahr, dass Aspekte des Wandels der Familie gar nicht in den Blick kommen oder als Störfaktoren ausgeblendet werden (müssen). Eben dies hat im katholischen Denken über die Familie Tradition, und es betrifft auch und gerade

---

[7] E-mail von Frau Barbara Fank-Landkammer an das Ehepaar Franz und Monica Lassak vom 21.3.2014.

[8] Katholischer Deutscher Frauenbund, Gender, Gender Mainstreaming und Frauenverbandsarbeit, Köln 2015; Arbeitsstelle für Frauenseelsorge und Arbeitsstelle für Männerseelsorge der Deutschen Bischofskonferenz, Hrsg., Geschlechtersensibel: Gender katholisch gelesen, Düsseldorf/Fulda 2015, Ziffer 4.

solche Aspekte, welche die Geschlechtergerechtigkeit angehen. Tendenzen, die Familie als ganze bzw. das Anliegen der Generationenverantwortung generell den Anliegen, Bedürfnissen und Interessen der Frauen vorzuordnen, ist unter dieser Rücksicht entgegenzutreten".[9] Im Klartext lautete die Botschaft des ZdK 2008 nicht nur, dass die Interessen der Frauen in einem Gegensatz stehen zur Mutterschaft und Vorrang haben vor der „Generationenverantwortung" genannten Weitergabe des Lebens, sondern dass es die „natürliche" Familie gar nicht gibt, Familie vielmehr immer historisch und kulturell bedingt sei. Einen Schritt weiter in der Implementierung des Gender-Mainstreaming geht das ZdK in seiner Erklärung zu Ehe und Familie vom 9. Mai 2015, mit der es Druck auf die Bischofssynode zu diesem Thema im Oktober 2015 ausüben wollte. Darin fordert das Zentralkomitee die „vorbehaltlose Akzeptanz des Zusammenlebens in festen gleichgeschlechtlichen Partnerschaften" und eine Segnung dieser Partnerschaften und „neuer Partnerschaften Geschiedener" sowie eine „Neubewertung der Methoden der künstlichen Empfängnisregelung". Kritik an diesen Forderungen scheint das Zentralkomitee als Ausgrenzung und Abwertungen homosexueller Menschen zu verstehen, gegen die eine „klare Positionierung" verlangt wird.[10] Der Vorwurf an die Lehre der Kirche, sie sei homophob, ist da nicht mehr fern.

Im Flyer der Deutschen Bischofskonferenz wird behauptet, neuere Forschungen würden zeigen, dass sich der Zusammenhang von Sex und Gender „nur schwer positiv beschreiben" lasse.[11] Die Kirche setze sich „für die Wertschätzung eines jeden Menschen unabhängig von der sexuel-

---

[9]   Zentralkomitee der deutschen Katholiken, Familienpolitik: geschlechter- und generationengerecht, in: Berichte und Dokumente Bonn 2008, S. 61

[10] Zwischen Lehre und Lebenswelt Brücken bauen – Familie und Kirche in der Welt von heute. Erklärung des ZdK anlässlich der XIV. Ordentlichen Generalversammlung der Bischofssynode 2015, Bonn 2015, S. 10.

[11] Geschlechtersensibel: Gender katholisch gelesen, a. a. O., Ziffer 3.

len Orientierung" ein[12] und unterstütze Männer und Frauen, „ein für sie selbst und ihre Familien stimmiges Lebensmodell zu finden".[13] Die Forschungen, auf die sich der Flyer stützt, werden nicht genannt. Ein größerer Mangel aber ist, dass der Flyer, obwohl er ausdrücklich vom christlichen Menschenbild und von Sexualität sprechen will, mit keinem Wort erwähnt, dass Sexualität in katholischer Perspektive auf die Ehe eines Mannes mit einer Frau und auf die Weitergabe des Lebens angelegt ist. Er verliert auch kein Wort darüber, dass die Achtung aller Menschen unabhängig von ihrer sexuellen Orientierung die Kritik an der Homosexualität nicht ausschließt. Die Formulierung, jeder müsse ein „stimmiges Lebensmodell" finden, hebt allein auf die subjektive Einschätzung ab. Der Flyer ist selbst ein Dokument des Gender-Mainstreaming in der katholischen Kirche. Er wurde denn auch von den Bischöfen Voderholzer und Algermissen und vom Verein katholischer deutscher Lehrerinnen heftig kritisiert.[14] Ausführlich analysierte Bischof Voderholzer den Flyer in seiner Predigt am Fest des Diözesanpatrons, des hl. Wolfgang am 31. Oktober 2015: „Gender light gibt es nicht – Der Begriff ist das Einfallstor für mit dem christlichen Glauben nicht vereinbare Positionen".[15]

Gleichgeschlechtliche Partnerschaften sind auch im kirchlichen Arbeitsrecht seit April 2015 ein Thema. Sie sind kein automatischer Kündigungsgrund mehr. Nach der Verab-

---

[12] A. a. O., Ziffer 5.
[13] A. a. O., Ziffer 7.
[14] Bischof Voderholzer unterzieht DBK-Genderflyer einer Grundsatzkritik, in: www.kath.net/news/52556 vom 23.10.2015; Gender-Flyer: Bischof Algermissen verärgert, in: Die Tagespost vom 3.11. 2015, S. 4. Der Verein katholischer deutscher Lehrerinnen nannte den Flyer weder Information noch Orientierung gebend, in: www.vkdl.de/aktuelles/presse, abgerufen am 26.10.2015.
[15] Bischof Voderholzer, „Gender light" gibt es nicht – Der Begriff ist das Einfallstor für mit dem christlichen Glauben nicht vereinbare Positionen, in: http://www.bistum-regensburg.de/news/gender-light-gibt-es-nicht-der-begriff-ist-das-einfallstor-fuer-mit-dem-christlichen-glauben-nicht-vereinbare-positionen-4149/ (abgerufen am 12.11.2015).

schiedung des Lebenspartnerschaftsgesetzes hatten die Bischöfe am 24. Juni 2002 noch erklärt, die Lebenspartnerschaft widerspreche der katholischen Lehre über Ehe und Familie und sei ein Verstoß gegen die geltenden Loyalitätsobliegenheiten im kirchlichen Arbeitsrecht.[16] Nun ist eine gleichgeschlechtliche Partnerschaft nur noch bei pastoral oder katechetisch tätigen Mitarbeitern und solchen, die auf Grund einer Missio canonica oder einer sonstigen schriftlich erteilten bischöflichen Beauftragung beschäftigt werden, ein Kündigungsgrund. Bei allen anderen Mitarbeitern im kirchlichen Dienst ist sie nur dann noch ein Kündigungsgrund, wenn sie „objektiv geeignet ist, ein erhebliches Ärgernis in der Dienstgemeinschaft oder im beruflichen Wirkungskreis zu erregen und die Glaubwürdigkeit der Kirche zu beeinträchtigen".[17] Die Erklärung zur Unvereinbarkeit einer solchen Lebenspartnerschaft mit den Loyalitätsobliegenheiten nach der Grundordnung des kirchlichen Dienstes von 2002 wurde am 27. April 2015 ausdrücklich zurück genommen. Wenn nicht mehr die homosexuelle Partnerschaft das Skandalon ist, das der Glaubens- und Sittenlehre der Kirche zuwider läuft und eine Kündigung des Arbeitsverhältnisses begründet, sondern erst das „Ärgernis in der Dienstgemeinschaft", dann ist es nicht mehr weit, den, der das Ärgernis öffentlich bekannt macht, als das eigentliche Skandalon zu betrachten. Ihm Diskriminierung, Homophobie oder, etwas biblischer, Pharisäertum vorzuwerfen, ist dann naheliegend. Wer will schon dieses Risiko am Arbeitsplatz eingehen? Die Bischöfe hätten diese Revision des kirchlichen Arbeitsrechts gern mit Zwängen des deutschen Arbeitsrechts oder entsprechender Gerichtsurteile begründet. Aber das deutsche Staatskirchenrecht gewährleistet den Kirchen und Religionsge-

---

[16] Die Erklärung ist veröffentlicht in: Grundordnung des kirchlichen Dienstes im Rahmen kirchlicher Arbeitsverhältnisse, hrsg. vom Sekretariat der Deutschen Bischofskonferenz, Bonn 2011 (Die deutschen Bischöfe 95A), S. 27.

[17] Grundordnung des kirchlichen Dienstes im Rahmen kirchlicher Arbeitsverhältnisse, 2015, Artikel 5, Ziffer 2c.

meinschaften die Regelung der eigenen Angelegenheiten gemäß der eigenen Glaubens- und Sittenlehre. Das Bundesverfassungsgericht hatte diesen Grundsatz der Religionsfreiheit in einer Entscheidung vom 20. November 2014 zur Entlassung eines geschiedenen und wiederverheirateten Chefarztes in einem Düsseldorfer Krankenhaus gerade noch einmal bekräftigt.[18] So ließ sich diese arbeitsrechtliche Anpassung an das Gender-Mainstreaming nicht mit rechtlichen Zwängen begründen.[19] In Kraft tritt diese Revision des kirchlichen Arbeitsrechts allerdings erst dann, wenn ein Bischof sie in seiner Diözese umgesetzt hat. Die Mehrheit der deutschen Diözesen ist entschlossen, diese Revision in Kraft zu setzen, aber die Diözesen sind keine Filialen der Deutschen Bischofskonferenz. Diözesen, die diese Revision nicht übernehmen, weil sie der Ansicht sind, dass sie mit universalkirchlichen Normen nicht übereinstimmen, werden in eine schwierige Lage gebracht: Wie sollen arbeitsgerichtliche Streitfälle entschieden werden, wenn die einzelnen Diözesen so unterschiedliche Positionen vertreten?[20] Erschwert wird die Lage für die widerstrebenden Bistümer durch kirchliche Einrichtungen in einer Stadt, die zwei Bistümern mit verschiedenem Arbeitsrecht angehören. Dies ist zum Beispiel beim Caritasverband Nürnberg der Fall, da die Stadt einerseits zum Erzbistum Bamberg, andererseits zum Bistum Eichstätt gehört. Dies hat

---

[18] 2 BvR 661/12 und BVerfGE 70, 138ff.

[19] Das Erzbistum Köln klagte beim Bundesverfassungsgericht gegen eine Entscheidung des Bundesarbeitsgerichts, das die Entlassung des Chefarztes für unwirksam erklärt hatte. Andere kirchliche Stellen bedrängten das Erzbistum Köln, die Klage wieder zurückzuziehen.

[20] Einen eigenen Weg geht die Deutsche Bischofskonferenz auch im Hinblick auf den Katechismus der Katholischen Kirche von 1993, dessen die Homosexualität betreffende Ziffer 2358 falsch übersetzt und in der Fassung 1997 geändert wurde. Während in der Fassung von 1993 stand „Eine nicht geringe Anzahl von Männern und Frauen sind homosexuell veranlagt. Sie haben diese Veranlagung nicht selbst gewählt ...", heißt es in der Fassung von 1997 korrekt „Eine nicht geringe Anzahl von Männern und Frauen hat tiefsitzende homosexuelle Tendenzen". Auf der Homepage der deutschen Bischofskonferenz findet sich jedoch immer noch die falsche Übersetzung von 1993.

denn auch die Bistümer Eichstätt, Regensburg und Passau veranlasst, trotz großer Bedenken das neue Arbeitsrecht zum 1. Januar 2016 zu übernehmen.

In der katholischen Theologie in Deutschland gibt es eine Reihe von Versuchen, eine „gendersensible Theologie" zu entwickeln. Sie gehen zwar auf eine gewisse Distanz zu Judith Butlers Radikalkonstruktivismus, unterstellen aber der Kategorie „Gender" doch ein „Wachstumspotential für die eigene Lehre", ein „befreiendes Potential" oder „emanzipatorische Implikationen".[21] Diese Versuche setzen die Verabschiedung einer naturrechtlichen Sicht auf das Mann- und Frau-Sein, auf Ehe und Familie voraus. Diese naturrechtliche Sicht gilt als „essentialistische Geschlechteranthropologie."[22] Die Bestimmung der Frau zu Mutterschaft und Ehe gilt als vorkonziliar.[23] Der kirchlichen Lehre zu Ehe und Familie wird, so Marianne Heimbach-Steins mit Regina Ammicht-Quinn, eine Ideologisierung der Fruchtbarkeit, der Gemeinwohlrelevanz und der Beziehungsharmonie vorgeworfen.[24] „Rigoristischer normativer Habitus", „Fortpflanzungszentrierung", „nostalgischer Biologismus" und „antiquierte Rollenmodelle" sind weitere Prädikate, mittels derer diese Lehre als nicht mehr zeitgemäß erklärt wird.[25] Mit Hilfe der Gender-Theorie soll die Lehre der „Lebenswirklichkeit" angepasst und die „Legitimität" gleichgeschlechtlicher Lebensgemein-

---

[21] Marianne Heimbach-Steins, „nicht mehr Mann und Frau". Sozialethische Studien zu Geschlechterverhältnis und Geschlechtergerechtigkeit, Regensburg 2009, S. 283.

[22] Saskia Wendel, Sexualethik und Genderperspektive, in: Konrad Hilpert, Hrsg., Zukunftshorizonte katholischer Sexualethik, Freiburg 2011, S. 45.

[23] M. Heimbach-Steins, a. a. O., S. 287.

[24] M. Heimbach-Steins, Die Idealisierung von Ehe und Familie in der kirchlichen Moralverkündigung, in: Konrad Hilpert, Zukunftshorizonte katholischer Sexualethik, Freiburg 2011, S. 300ff.

[25] M. Heimbach-Steins, u.a., Voraussetzungen, Ansätze und Schwierigkeiten der Vermittlung von kirchlicher Lehre und christlicher Praxis, Eine theologische Stellungnahme zur Außerordentlichen Bischofssynode zur Familie (2014), Münster 2015, S. 11, 17, 20.

schaften nachgewiesen werden. Der Zwischenbericht von Kardinal Peter Erdö auf der außerordentlichen Bischofssynode zu Ehe und Familie 2014 habe dazu schon begrüßenswerte Ansätze vorgelegt, die aber im Schlussbericht wieder abgeschwächt worden seien. Auf die Ordentliche Bischofssynode im Oktober 2015 Druck auszuüben, damit sie den in Deutschland geschürten Erwartungen im Hinblick auf die Anerkennung gleichgeschlechtlicher Lebensgemeinschaften, die Zulassung wiederverheirateter Geschiedener zur Kommunion und die Neubewertung der künstlichen Empfängnisregelung gerecht wird, ist das Anliegen der gendersensiblen Theologie, das man nicht mit einem Rückgriff auf den Willen Gottes zurückweisen dürfe. Ein solcher Rückgriff sei „ein die Debatte abbrechendes (und sowohl ethisch als auch theologisch durchaus anfechtbares) Autoritätsargument".[26]

„Kontextualität" und „Lebenswirklichkeit" sind die neuen Schlüsselwörter. Die „Kontextualität" der Ethik beginne mit der „Bindung" der Vernunft an einen männlichen oder weiblichen Körper".[27] Feministische Theologien hätten die Bedeutung des Kontextes ins Bewusstsein gehoben. Dagegen ist einzuwenden: Wer unterscheidet zwischen dem Kontext, der 2015 anders aussieht als 1968, 1933 oder 1914, und dem Text? Wer setzt dem Kontext eine Grenze? Wenn in der Fixierung auf den Kontext der Text verloren geht, wird Verständigung schwierig. Der Relativismus ist die Konsequenz der Kontextualität. Das gilt auch für die „Lebenswirklichkeit", die seit Gaudium et Spes „neben Schrift und Tradition eine dritte Erkenntnisquelle" der Dogmatik sein soll.[28] Die sogenannte Lebenswirklichkeit auf dieselbe Stufe zu stellen, wie Schrift und Tradition, sei „nichts anderes als die Einfüh-

---

[26] A. a. O., S. 18.

[27] M. Heimbach-Steins, Sozialethik als kontextuelle theologische Ethik. Eine programmatische Skizze, in: Jahrbuch der Christlichen Sozialwissenschaften, Bd. 43 (2002), S. 52ff.

[28] Matthias Sellmann, Gaudium et Spes: Dogmatik in farbigen Umschlägen, in: Das Prisma. Beiträge zu Pastoral, Katechese und Theologie, 24. Jg. (2012), S. 31.

rung des Subjektivismus und der Beliebigkeit, die sich sen-
timental und selbstgefällig in fromme Worte hüllen".[29] Kritische Stimmen, die es wagen, das Gender-Mainstreaming eine
Ideologie zu nennen, werden in der Perspektive der gendersensiblen Theologie schnell als konservativ, unwissenschaft-
lich, fundamentalistisch und Rückfall in das überwundene
Naturrecht abgetan oder in die Nähe der Pegida-Bewegung,
der AfD oder des rechten Randes der Gesellschaft gestellt.[30]

Die Kritik der katholischen Kirche am Gender-Mainstreaming ist zwar viel älter als Pegida und AfD, aber sie hat es
aus mehreren Gründen schwerer, sich zu Wort zu melden:
Sie steht zahlreichen Professuren und Instituten für Gender-
Studies gegenüber, die auch in theologischen Fakultäten das
Gender-Mainstreaming fördern. Sie sieht sich der EU-Politik
sowie den Maßnahmen der Bundesregierung und der Länder-
regierungen ausgesetzt, die das Gender-Mainstreaming unter
dem Vorwand der Anti-Diskriminierung und des Kampfes
gegen die Homophobie propagieren und dafür schier unbe-
grenzt Stellen und finanzielle Ressourcen zur Verfügung
stellen, und sie hat es mit einer öffentlichen Meinung zu tun,
die bis in die Fußballstadien, die Krimi- und Familienserien
sowie das Wort zum Sonntag hinein Homosexualität als

---

[29] Gerhard Ludwig Müller, Die Wahrheit lässt sich nicht organisieren,
Interview in: Die Tagespost vom 6.6.2015.

[30] Gerhard Marschütz, Wachstumspotential für die eigene Lehre. Zur
Kritik an der vermeintlichen Gender-Ideologie, in: Herder-Korres-
pondenz, 68. Jg. (2014), S. 457ff.; Saskia Wendel, „Als Mann und
Frau schuf er sie". Auf dem Weg zu einer genderbewussten theologi-
schen Anthropologie, in: Herder-Korrespondenz, 63. Jg. (2009), S.
135ff.; Dies., Gendersensible Theologie – Ein hölzernes Eisen?, in:
Lebendige Seelsorge, 66. Jg. (2015), S. 82ff.; M. Heimbach-Steins,
„als Mann und Frau", a. a. O., S. 283ff.; M. Heimbach-Steins u.a.,
Voraussetzungen, Ansätze und Schwierigkeiten ..., a. a. O., S. 19;
Rebeka Jadranka Anic, Gender, Politik und die katholische Kirche, in:
Concilium, 48. Jg. (2012), S. 380f.; Regina Heyder, Gender und Gender-Mainstreaming. Chancen für die Kirche?, in: Salzkörner, 21. Jg.
(2015), Nr. 2, S. 4f.; Claudia Janssen, die Leiterin des EKD-Zentrums
für Genderfragen, im Interview mit Birgit Kelle, in: ideaSpektrum
24.2014 vom 12.6.2014, S. 20.

normal darstellt[31] und durch das irische Referendum vom 22. Mai sowie das Urteil des Supreme Court vom 26. Juni 2015 zur „Homo-Ehe" noch einmal kräftigen Auftrieb erhielt. Dieser öffentlichen Meinung gegenüber zieht auch die Mehrheit der Bischöfe und der Priester das Schweigen vor.

2. Kritik des Gender-Mainstreaming

Kritische Stellungnahmen zum Gender-Mainstreaming fehlen dennoch nicht: Sie finden sich in Veröffentlichungen der Glaubenskongregation, im Kompendium der Soziallehre des Päpstlichen Rates Justitia et Pax, in Reden von Papst Benedikt XVI., in Bemerkungen von Papst Franziskus und nicht zuletzt in seiner Enzyklika Laudato Sí, in zahlreichen Erklärungen nationaler und regionaler Bischofskonferenzen sowie einzelner Bischöfe. Auch an kritischen wissenschaftlichen und journalistischen Publikationen aus katholischer Perspektive fehlt es in den vergangenen Jahren nicht. Stellungnahmen der Deutschen oder Schweizer Bischofskonferenz sind allerdings nicht zu finden und solche einzelner Bischöfe sind rar – trotz der häufigen Beschäftigung von Diözesanforen und Dialogprozessen mit der Bischofssynode zu Ehe und Familie 2015. Die Phalanx gendersensibler Theologinnen in theologischen Fakultäten, aber auch im deutschen Verbandskatholizismus scheint ihre einschüchternde Wirkung nicht verfehlt zu haben. Zu den wenigen Ausnahmen unter den Bischöfen gehören Rudolf Voderholzer von Regensburg,[32]

---

[31] Selbst Schwester Hanna, ein Tausendsassa, dem alles gelingt, musste sich in der dem Alltag eines Schwesternkonventes gewidmeten ARD-Serie „Um Himmels willen" um die Anerkennung eines homosexuellen Pfarrers in dessen evangelischer Gemeinde kümmern.

[32] Rudolf Voderholzer, Der Mensch ist Person – Grundlagen des christlichen Menschenbildes und seine Bedeutung für die aktuellen Fragen in Gesellschaft, Politik und Kirche, Vortrag beim Symposion der Katholischen Universität Eichstätt zur Theologie des Leibes am 14.11.2014 und Predigt am Pfingstmontag 25.5.2015 in Kemnath (unveröffentlich-

Stefan Oster von Passau[33] und Vitus Huonder von Chur.[34] Im Zentrum der Kritik steht der Angriff des Gender-Mainstreaming auf die Heterosexualität, die Ehe und die Familie. Aber während die Kritik römischer Dokumente und päpstlicher Stellungnahmen sich auf die Verteidigung der natürlichen Geschlechterdualität, der Ehe und der Familie konzentriert, zielt die Kritik von wissenschaftlichen und journalistischen Publikationen darüber hinaus auf die Angriffe des Gender-Mainstreaming auf die Regeln des politischen Diskurses in einer freiheitlichen Gesellschaft und auf die Verfassung Deutschlands, genauer auf Art. 6 GG. Diese Kritik ist hier nicht weiter zu referieren, weil sie sich in vielem mit dem deckt, was oben zu Philosophie und Implementierung des Gender-Mainstreaming gesagt wurde. Um sie im weiten Spektrum der Gender-Literatur aber einordnen zu können, soll sie wenigstens gestreift werden.

Im Mittelpunkt der umfangreichen Materialsammlung von Gabriele Kuby steht der Kampf der Gender-Lobby auf nationaler, europäischer und globaler Ebene zur Dekonstruktion der biologischen Geschlechterdualität, zur Durchsetzung der Homo-Ehe und der „Sexualpädagogik der Vielfalt" sowie zur Einschüchterung derer, die sich dem Gender-Mainstreaming widersetzen, weil sie der Ansicht sind, dass die Ehe auch etwas mit der Weitergabe des Lebens zu tun hat, die Familie also in der Logik der Ehe liegt.[35] Trotz der Materialfülle verliert Kuby nie den Blick für das Wesentliche: die Unvereinbarkeit des Gender-Mainstreaming mit der Lehre der katholi-

---

te Manuskripte) sowie jüngst die in FN 15 genannte Predigt zum Fest des hl. Wolfgang am 31.10.2015 „Gender light gibt es nicht".

[33] Stefan Oster, Christliches Menschenbild und das Verhältnis von Sex und Gender, online auf: http://www.bistum-passau.de/bistum/bischof-dr-stefan-oster-sdb/veroeffentlichungen (11.11.2015)

[34] Vitus Huonder, Gender – Die tiefe Unwahrheit einer Theorie, Hirtenbrief zum Tag der Menschenrechte am 10.12.2013.

[35] Gabriele Kuby, Die globale sexuelle Revolution. Zerstörung der Freiheit im Namen der Freiheit, Kißlegg 2012. Kuby hat darüber hinaus eine 32seitige Broschüre publiziert: Gender – Eine neue Ideologie zerstört die Familie, Kißlegg 2014.

schen Kirche. Kubys Buch, schreibt Robert Spaemann in
seinem Geleitwort, „ist ein Aufklärungsbuch. Es klärt uns
auf über das, was zur Zeit mit uns geschieht, mit welchen
Mitteln die Umerzieher arbeiten, und mit welchen Repressa-
lien diejenigen zu rechnen haben, die sich diesem Projekt
widersetzen".[36] Kuby beschreibt die „schiefe Ebene zu einem
Totalitarismus im neuen Gewand", der dem Diktum Böcken-
fördes, der freiheitliche Staat lebe von Voraussetzungen, die
er selbst nicht garantieren kann, den Boden entzieht.[37] Aufklärung bietet auch das Buch von Vladimir Palko, Aufklärung allerdings weniger über das Gender-Mainstreaming als
über die Anpassungsbereitschaft christdemokratischer Parteien an das Gender-Mainstreaming. Als christdemokratischer Innenminister der Slowakei von 2002 bis 2006 sam-
melte Palko selbst seine Erfahrungen mit dieser Anpassungsbereitschaft.[38] Eine sorgfältige und das Wesentliche treffende
Kritik am Gender-Mainstreaming aus evangelischer bzw.
evangelikaler Sicht enthält der schmale Sammelband von
Dominik Klenk, der gleichzeitig auf konstruktive Alternativen zum Gender-Mainstreaming aus christlicher Sicht hin-
weist.[39] Auch der schmale Band von Mathias von Gersdorff
konzentriert sich auf das Wesentliche: die Trennung von Sexualität und Fortpflanzung und die Helmut Kentler folgende
Umpolung der Sexualerziehung zu einem Instrument der
politischen Emanzipation. Darüber hinaus präsentiert er eine
Reihe von Belegen für das Eindringen der Gender-Revo-
lution in katholische Jugendverbände und die Caritas, aber
auch für die Kritik an der Gender-Theorie seitens zahlreicher
Bischofskonferenzen in West- und Mitteleuropa.[40] Dass viele
der Skurrilitäten und Absurditäten des Gender-Mainstrea-

---

[36] Robert Spaemann, Geleitwort, in: Gabriele Kuby, a. a. O., S. 13.
[37] G. Kuby, a. a. O., S. 406ff.
[38] Vladimir Palko, Die Löwen kommen: Warum Europa und Amerika auf
   eine neue Tyrannei zusteuern, Kißlegg 2014.
[39] Dominik Klenk, Hrsg., Gender Mainstreaming. Das Ende von Mann
   und Frau, Gießen 2009.
[40] Mathias von Gersdorff, Gender. Was steckt dahinter? Illertissen 2015.

ming Stoff für ein Kabarett liefern, zeigt Birgit Kelle in ihrem auf einem reichen Erfahrungsschatz aus Talkshows und kontroversen Debatten beruhenden, flott geschriebenen Buch „GenderGaga". Das Buch ist aber auch ein Loblied auf den Unterschied zwischen Mann und Frau und es zeigt, wie weit in der Gender-Debatte das Verständnis für Toleranz verloren gegangen ist. Toleranz sei der Gender-Lobby zu wenig. Sie erwartet Akzeptanz und toleriert ihrerseits keine abweichende Meinung.[41]

Zur Problematik der gleichgeschlechtlichen Partnerschaften, deren Legalisierung am Anfang des Jahrhunderts der erste Schritt in der Implementierung des Gender-Mainstreamings war, gab es schon sehr früh kritische Stellungnahmen, die in der Legalisierung einen „Anschlag auf den verfassungsmäßig garantierten Schutz von Ehe und Familie" sahen.[42] Sexuelle Beziehungen dürften, so Robert Spaemann, „kein Gesichtspunkt für die Privilegierung einer exklusiven Lebensgemeinschaft" sein.[43] Die Kritik unterscheidet, wie der Katechismus der Katholischen Kirche, zwischen objektiv ungeordneten homosexuellen Neigungen, die keine Sünde sind, und homosexuellen Akten, die „in keinem Fall zu billigen", mithin Sünde sind, weil die Weitergabe des Lebens beim Geschlechtsakt konstitutiv ausgeschlossen bleibt.[44] Andreas Laun hat sich wiederholt mit dem Problem der Homosexualität, den wissenschaftlichen Kontroversen um ihre Entstehung und den Verhaltensweisen gegenüber Menschen mit homosexuellen Neigungen befasst und daraus Konsequenzen für die Pastoral gezogen. Er zeigt, dass die Ablehnung homosexueller Akte keine Diskriminierung der Menschen mit

---

[41] Birgit Kelle, GenderGaga, Asslar 2015, S. 176ff.

[42] Norbert Geis, Hrsg., Homo-Ehe. Nein zum Ja-Wort aus christlicher Sicht, Langwaden 2001, S. VII.

[43] Robert Spaemann, Was nicht des Staates ist. Die Homosexuellenehe wäre ungerecht, in: FAZ vom 14.3.2000; Vgl. auch Wolfgang Ockenfels, Staatliche Prämierung der Unfruchtbarkeit. Sozialethische Überlegungen zur „Homo- Ehe", in: N. Geis, a. a. O., S. 59ff.

[44] Katechismus der Katholischen Kirche 2357; Päpstlicher Rat Justitia et Pax, Kompendium der Soziallehre, 2004 (deutsch Freiburg 2006) 228.

homosexuellen Neigungen sein darf. Er zeigt zugleich, dass sich schon in den 90er Jahren zahlreiche Vertreter der Theologie die Interessen der Gender-Lobby zu Eigen gemacht haben.[45] Gegenüber diesen Interessen verständlich zu machen, was Ehe ist und was sie nicht ist, ist in den vergangenen Jahren eher noch schwieriger geworden als zu Beginn des Jahrhunderts, weil sich die große Mehrheit der Moraltheologen im deutschsprachigen Raum schon seit Humanae Vitae (1968) geweigert hat, die Theologie des Leibes zur Kenntnis zu nehmen, die die personale Komplementarität von Mann und Frau, den Geschenkcharakter der geschlechtlichen Hingabe in der Ehe und der Offenheit für das Leben unterstreicht.[46]

Die Kritik der Gender-Theorie in römischen Dokumenten und päpstlichen Reden geht von der biblischen Anthropologie aus, die im Buch Genesis und im Neuen Testament grundgelegt ist: Gott hat den Menschen als Mann und als Frau erschaffen und füreinander bestimmt zur gegenseitigen Hingabe und Mitwirkung an seiner Schöpfung. Der Leib und die Generativität, die „blinden Flecken der Gender-Theorie",[47] sind die ontologischen Voraussetzungen von Ehe und Familie. Wenn die Kritik der katholischen Kirche am Gender-Mainstreaming die Dualität und die Generativität der Geschlechter verteidigt, dann ist das nicht Biologismus oder essentialistische Geschlechteranthropologie, sondern ein Faktum menschlicher Existenz zu allen Zeiten und in allen Kulturen. Dieses Faktum anzuerkennen, ist die conditio sine qua non für die Kultivierung der Sexualität und die Humanisierung menschlicher Beziehungen. Nicht die Rivalität, sondern die Komplementarität von Mann und Frau steht im Zentrum dieser Verteidigung – eine Komplementarität, die gelingen aber auch misslingen kann. Sie zum Gelingen zu

---

[45] Andreas Laun, Homosexualität aus katholischer Sicht, in: Ders., Hrsg., Homosexualität aus katholischer Sicht, Eichstätt 2001, S. 208ff.

[46] Zu den Ausnahmen vgl. unten S. 100, FN 25.

[47] Hanna-Barbara Gerl-Falkovitz, Gender: eine Theorie auf dem Prüfstand, a. a. O., S. 367.

bringen, ist die lebenslange Aufgabe von Mann und Frau, die dazu bestimmt sind, füreinander da zu sein. Dies ist die positive Botschaft des Schreibens der Glaubenskongregation „über die Zusammenarbeit von Mann und Frau in der Kirche und in der Welt" vom 31. Juli 2004, in dem aber auch die Gender-Theorie kritisiert wird. Die Anthropologie der Gender-Theorie, die eigentlich „Perspektiven für eine Gleichberechtigung der Frau fördern und sie von jedem biologischen Determinismus befreien wollte", inspiriere in Wirklichkeit Ideologien, die den Menschen von seinen biologischen Vorgegebenheiten befreien wollen, die die Dualität der Geschlechter verschleiern und so die Familie infrage stellen und die Gleichstellung der Homosexualität mit der Heterosexualität sowie polymorphe Sexualität fördern.[48]

Diese Kritik der Glaubenskongregation hat ihr Präfekt Joseph Kardinal Ratzinger schon 1996 in seinem Interview-Buch „Salz der Erde" formuliert: Die feministische Ideologie ziele auf die Befreiung nicht bloß von Rollenzuweisungen, sondern von der biologischen Bedingtheit des Menschen. „Man unterscheidet nun das biologische Phänomen Sexualität von dessen historischen Ausformungen, die man „gender" nennt, aber die geforderte Revolution gegen die ganze Geschichtsgestalt von Sexualität läuft doch auf eine Revolution auch gegen die biologischen Vorgaben hinaus: Es darf gar keine Aussage der ‚Natur' mehr geben; der Mensch soll sich beliebig modellieren können, der Mensch soll frei sein von allen Vorgaben seines Wesens: Er macht sich selbst zu dem, was er will, so erst sei er wirklich ‚frei' und befreit. Dahinter steckt ein Aufruhr des Menschen gegen die Grenzen, die er als biologisches Wesen in sich selber trägt. Es handelt sich letztlich um einen Aufstand gegen unsere Geschöpflichkeit. Der Mensch soll sein eigener Schöpfer sein – eine moderne

---

[48] Kongregation für die Glaubenslehre, Schreiben an die Bischöfe der Katholischen Kirche über die Zusammenarbeit von Mann und Frau in der Kirche und in der Welt vom 31.7.2004, Ziffer 2.

Neuauflage des uralten Versuchs, selber Gott – wie Gott – zu sein."[49]

Als Papst Benedikt XVI. hat sich Joseph Kardinal Ratzinger bei seinem letzten Weihnachtsempfang für das Kardinalskollegium wenige Wochen vor seinem Rücktritt am 21. Dezember 2012 ausführlich mit der Gender-Theorie befasst. „Die tiefe Unwahrheit dieser Theorie", die er eine anthropologische Revolution nennt, liegt für ihn darin, dass sie leugnet, dass der Mensch „eine von seiner Leibhaftigkeit vorgegebene Natur hat". Die im Umgang mit der Umwelt so oft beklagte „Manipulation der Natur ... wird hier zum Grundentscheid des Menschen im Umgang mit sich selber ... Wenn es aber die von der Schöpfung kommende Dualität von Mann und Frau nicht gibt, dann gibt es auch die Familie als von der Schöpfung vorgegebene Wirklichkeit nicht mehr". Das Kind wird dann aus einem eigenen Rechtssubjekt zu einem Objekt, das man sich beschaffen kann. Wo aber „die Freiheit des Machens zur Freiheit des Sich-selbst-Machens wird, wird notwendigerweise der Schöpfer selbst geleugnet und damit am Ende auch der Mensch als göttliche Schöpfung, als Ebenbild Gottes im Eigentlichen seines Seins entwürdigt".[50] Schon wenige Wochen nach seinem Amtsantritt hatte Papst Benedikt XVI. bei der Eröffnung der Pastoralsynode der Diözese Rom zum Thema Familie über das anthropologische Fundament von Ehe und Familie gesprochen und dabei die Gender-Theorie zurückgewiesen, ohne sie beim Namen zu nennen. Ehe und Familie seien „keine soziologische Zufallskonstruktion" und auch „nicht das Ergebnis besonderer historischer und wirtschaftlicher Situationen". Sie seien vielmehr „in der Wahrheit des Menschen verwurzelt". Deshalb sei die Verbindung eines Mannes und

---

[49] Joseph Kardinal Ratzinger, Salz der Erde. Christentum und katholische Kirche an der Jahrtausendwende. Ein Gespräch mit Peter Seewald, Stuttgart 1996, S. 141f.

[50] Benedikt XVI., Ansprache beim Weihnachtsempfang für das Kardinalskollegium und die Mitglieder der Römischen Kurie am 21.12.2012, in: L'Ossservatore Romano (deutsch) vom 4.1.2013, S. 7.

einer Frau im Bund der Ehe von Gott „als Symbol der Heilsgeschichte" angenommen worden. Das Geheimnis der Liebe Gottes zu den Menschen erhalte „seine sprachliche Gestalt aus dem Vokabular von Ehe und Familie – positiv wie negativ. Die Annäherung Gottes an sein Volk wird … in der Sprache der ehelichen Liebe dargelegt, während die Treulosigkeit und der Götzendienst Israels als Ehebruch und Prostitution bezeichnet wird".[51] Die Menschwerdung Gottes ist eo ipso eine Reverenz an die Familie und auch das erste Wunder Jesu, mit dem er die Hochzeitsfeier von Kana rettet, impliziert die Wertschätzung der Ehe. In seiner Rede im Deutschen Bundestag am 22. September 2011 wies Benedikt XVI. die Gender-Theorie erneut zurück: Der Mensch habe „eine Natur, die er achten muss und die er nicht beliebig manipulieren kann. Der Mensch ist nicht nur sich selbst machende Freiheit. Der Mensch macht sich nicht selbst. Er ist Geist und Wille, aber er ist auch Natur, und sein Wille ist dann recht, wenn er auf die Natur achtet, sie hört und sie annimmt als der, der er ist und der sich nicht selbst gemacht hat".[52]

Papst Franziskus hat die Kritik der Gender-Theorie mehrfach bestätigt in dem ihm eigenen Stil – nicht mit systematischen Reflexionen, sondern mit knappen, aber hinreichend klaren Bemerkungen. Diese Theorie sei „dämonisch"[53], Instrument einer „ideologischen Kolonialisierung" und „Aus-

---

[51] Benedikt XVI., Ansprache zur Eröffnung der Pastoralsynode der Diözese Rom zum Thema Familie am 6.6.2005, in: L'Osservatore Romano (deutsch) vom 17.6.2005, S. 8. Diesen Gedanken greift auch Bischof Vitus Huonder in einem Hirtenbrief auf, ebenso Kardinal Joachim Meisner beim Neujahrsempfang des Kölner Diözesanrates am 13.1.2013.

[52] Benedikt XVI., Ansprache im Deutschen Bundestag am 22.9.2011, in: Verlautbarungen des Apostolischen Stuhles 189, S. 37. Papst Franziskus zitiert diese Stelle mehrfach in seiner Enzyklika Laudato Sí, 6 und 155.

[53] Franziskus zu Weihbischof Andreas Laun beim Ad Limina–Besuch der österreichischen Bischöfe am 30.1.2014.

druck einer Frustration und Resignation"[54], weil sie es nicht mehr verstehe, sich mit dem Unterschied zwischen den Geschlechtern auseinanderzusetzen. Einen bedeutenden Aspekt der Kritik an der Gender-Theorie hat Papst Franziskus unterstrichen: Mann und Frau seien nicht nur als einzelne, sondern auch „als Paar Abbild Gottes". Die Beseitigung des Unterschieds zwischen den Geschlechtern sei deshalb nicht die Lösung, sondern der Kern des Problems. „Der Bund der Ehe und der Familie ist etwas Ernstes, das gilt für alle, nicht nur für die Gläubigen. Ich möchte die Intellektuellen auffordern, dieses Thema nicht zu vernachlässigen, so als sei es für den Einsatz zugunsten einer freieren und gerechteren Gesellschaft nebensächlich geworden. Gott hat die Erde dem Bund von Mann und Frau anvertraut: Dessen Scheitern lässt die Welt der Liebe verarmen und verdunkelt den Himmel der Hoffnung. Die Zeichen sind besorgniserregend, und wir sehen sie."[55] Diese Kritik wiederholt Papst Franziskus in seiner Sozialenzyklika Laudato Sí vom 24. Mai 2015. Der Abschnitt über die Humanökologie ist im Anschluss an das Zitat aus der Rede Benedikts XVI. im Deutschen Bundestag ein Manifest gegen die Gender-Theorie: „Das Akzeptieren des eigenen Körpers als Gabe Gottes ist notwendig, um die ganze Welt als Geschenk des himmlischen Vaters und als gemeinsames Haus zu empfangen und zu akzeptieren ... Zu lernen, den eigenen Körper anzunehmen, ihn zu pflegen und seine vielschichtige Bedeutung zu respektieren, ist für eine wahrhafte Humanökologie wesentlich. Ebenso ist die Wertschätzung des eigenen Körpers in seiner Weiblichkeit oder Männlichkeit notwendig, um in der Begegnung mit dem an-

---

[54] Franziskus, Interview auf dem Rückflug von der Reise nach Sri Lanka und auf die Philippinen am 19.1.2015, in: L'Osservatore Romano (deutsch) vom 30.1.2015, S. 11.

[55] Franziskus, Ansprache bei der Generalaudienz am 15.4.2015, in: L'Osservatore Romano (deutsch) vom 24.4.2015, S. 2. In seiner Ansprache beim Ad-Limina-Besuch der Bischöfe aus Puerto Rico am 8.6.2015 wiederholte er seine Kritik an der „Gender-Ideologie", in: L'Osservatore Romano (deutsch) vom 19.6.2015, S. 9f.

deren Geschlecht sich selbst zu erkennen. Auf diese Weise ist es möglich, freudig die besondere Gabe des anderen oder der anderen als Werk Gottes des Schöpfers anzunehmen und sich gegenseitig zu bereichern. Eben deswegen ist die Einstellung dessen nicht gesund, der den Anspruch erhebt, ‚den Unterschied zwischen den Geschlechtern auszulöschen …'"[56] Der Abschlussbericht der XIV. Ordentlichen Bischofssynode zum Thema Ehe und Familie vom 24. Oktober 2015 greift die Kritik von Papst Franziskus in der Generalaudienz am 15. April 2015 auf und verurteilt die „Gender-Ideologie" wegen ihrer pädagogischen und legislativen Ziele, die die personale Identität des Menschen von seiner biologischen Vorgegebenheit als Mann oder Frau lösen wollen.[57] Wenige Wochen zuvor kritisierte der Rat der europäischen Bischofskonferenzen (CCEE) unter dem Vorsitz des ungarischen Primas Peter Kardinal Erdö die „Europa kolonisierende Gender-Theorie": „Die Kirche akzeptiert die Gender-Theorie nicht, weil sie Ausdruck einer Anthropologie ist, die der wahren und authentischen Bedeutung der menschlichen Person widerspricht".[58]

Eine Zusammenfassung der Kritik der katholischen Kirche am Gender-Mainstreaming bietet das 2004 veröffentlichte Kompendium der Soziallehre des Päpstlichen Rates Justitia et Pax: „Gegenüber denjenigen Theorien, die die Geschlechteridentität lediglich als ein kulturelles und soziales Produkt der Interaktion zwischen Gemeinschaft und Individuum betrachten, ohne die personale sexuelle Identität zu berücksichtigen oder die wahre Bedeutung der Sexualität in irgendeiner Weise in Betracht zu ziehen, wird die Kirche es nicht müde, ihre eigene Lehre immer wieder deutlich zu formulieren: Jeder Mensch, ob Mann oder Frau, muss seine Geschlechtlichkeit anerkennen und annehmen. Die leibliche, moralische und geistige Verschiedenheit und gegenseitige Ergänzung

---

[56] Franziskus, Laudato Sí vom 24.5.2015, Ziffer 155.
[57] XIV. Ordentliche Bischofssynode, Relatio finalis, Ziffer 8.
[58] http://www.ccee.eu/news/news-2015/141-16-09-2015-message-from-the-plenary-assembly-of-the-ccee.

sind auf die Güter der Ehe und auf die Entfaltung des Familienlebens hin geordnet. Die Harmonie des Paares und der Gesellschaft hängt zum Teil davon ab, wie Gegenseitigkeit, Bedürftigkeit und wechselseitige Hilfe von Mann und Frau gelebt werden. Aus dieser Sicht ergibt sich die Verpflichtung, das positive Recht dem Naturgesetz anzugleichen, dem zufolge die sexuelle Identität als objektive Voraussetzung dafür, in der Ehe ein Paar zu bilden, nicht beliebig ist."[59] Das Naturgesetz, von dem hier die Rede ist, hat nichts mit den Naturwissenschaften zu tun, deren raison d'être es ist, Naturgesetze zu entdecken. Mit Naturgesetz ist vielmehr das natürliche Sittengesetz gemeint, die Basis des Naturrechts. Naturrecht klingt heute, nicht zuletzt für die gendersensiblen Theologen, kirchlich. Aber das Naturrecht ist viel älter als die Kirche, die am Naturrechtsdenken festgehalten hat, um zu unterstreichen, was alle Menschen von Natur aus bindet: dass eine Ehe eine allumfassende Lebensgemeinschaft eines Mannes und einer Frau ist, die naturgemäß darauf gerichtet ist und darin ihre Erfüllung findet, gemeinsam Kinder zu zeugen und zu erziehen, also Familie zu werden.[60] Keinem Gender-Mainstreaming wird es je gelingen, die Definition der Familie als Lebensgemeinsaft verschiedener Geschlechter und Generationen zu ändern. Dass dies auch in anderen Religionen so gesehen wird, zeigte ein interreligiöses Kolloquium der Glaubenskongregation im Vatikan im November 2014 über die Komplementarität von Mann und Frau, an dem sich 14 Religionen und zahlreiche christliche Konfessionen beteiligten.[61]

---

[59] Päpstlicher Rat Justitia et Pax, Kompendium der Soziallehre der Kirche, (deutsch Freiburg 2006), Ziffer 224 mit einem Zitat aus dem Katechismus der Katholischen Kirche 2333.

[60] Robert P. George, Was Ehe ist – und was sie nicht ist, in: J. Hattler/ L. Häberle, a. a. O., S. 89ff.; vgl. auch Ders./Sherif Girgis und Ryan T. Anderson, What is Marriage? Man and Woman: A Defense, New York/London 2012; Hans Thomas, Ehe und Familie – Wurzel, nicht Konstrukt der Gesellschaft, in: J. Hattler/L. Häberle, a. a. O., S. 123ff.

[61] Guido Horst, Die Rückkehr des Naturrechts, in: Die Tagespost vom 22.11.2014.

3. Die neue Gnosis

Das Gender-Mainstreaming hat in Deutschland in den vergangenen 15 Jahren einen beispiellosen Siegeszug angetreten. Wie ist dieser Erfolg auch innerhalb der katholischen Kirche in Deutschland zu erklären? Dass die katholische Kirche die dunklen Wolken nicht hat kommen sehen, wird niemand behaupten wollen angesichts der deutlichen Warnungen von Papst Benedikt XVI., der Glaubenskongregation, der Päpstlichen Räte Justitia et Pax und für die Familie[62], von Papst Franziskus und auch von manchen Bischöfen. Zahlreiche Bischöfe aber scheinen Angst zu haben, öffentlich dem Tugendterror des Nichtdiskriminierens zu widersprechen. Es fehlt zumindest in den deutschsprachigen Ländern an mutigen Hirten, die bei der Verkündigung des Evangeliums und der Lehre der Kirche öffentlichen Widerspruch, gar die Kritik der Medien aushalten können. Kardinal Joachim Meisner und Erzbischof Johannes Dyba waren die Ausnahmen in der Debatte um die Schwangerschaftskonfliktberatung. Die These, das Schweigen der Hirten sei eine Folge der starken Einbindung der Kirche in die Partnerschaft mit dem Staat, hält einer genaueren Prüfung nicht stand. Die Partnerschaft von Kirche und Staat hat Kardinal Joachim Meisner, Erzbischof Johannes Dyba, davor schon Kardinal Joseph Höffner und heute die Bischöfe Rudolf Voderholzer, Gregor Maria Hanke, Stefan Oster und Heinz Josef Algermissen nicht davon abgehalten, das Evangelium auch gegen den Zeitgeist zu verkünden und diesen Zeitgeist zu kritisieren. Eine tiefer liegende Ursache für das Schweigen nicht nur vieler Bischöfe und Theologen, sondern auch vieler Katholiken im deutschen Sprachraum gegenüber dem Gender-Mainstreaming liegt eher in der schwachen Identifizierung mit der leibfreundlichen kirchlichen Lehre zu Ehe, Familie und Sexualität. Die Distanzierung von Humanae Vitae in der Königstei-

---

[62] Der Päpstliche Rat für die Familie hat sich in dem von ihm 2003 herausgegebenen Lexikon Familie (deutsch Paderborn 2007) in mehreren Artikeln mit dem Gender-Mainstreaming befasst.

ner Erklärung 1968 hatte gravierende Folgen. Sie blockierte die Rezeption der Theologie des Leibes des hl. Johannes Pauls II. Sie blockierte auch die Rezeption des Apostolischen Schreibens Johannes Pauls II. Familiaris Consortio. Es fehlt vor allem in der Moraltheologie häufig an der Klarheit der eigenen Position, wenn die Forderungen des Gender-Mainstreaming im Hinblick auf die Konstruktion und Dekonstruktion des Geschlechts zurückgewiesen werden sollen, sofern überhaupt die Absicht besteht, sie zurückzuweisen. Die Distanzierung von Humanae Vitae im Vorfeld der Bischofssynode 2015 als sensus fidelium zur Tugend zu erklären, gefährdet die kirchliche Einheit und blockiert den Weg zur Umkehr.

Kritik am Gender-Mainstreaming setzt zweierlei voraus: zum einen die Kenntnis des eigenen Schatzes, der Lehre des Konzils, von Humanae Vitae und von Familiaris Consortio zu Ehe, Familie und Sexualität, die Erkenntnis, dass Sexualität ein göttliches Geschenk ist, dass Keuschheit nicht das Fehlen von Sexualität, sondern ihre geglückte Integration in die Person ist, weshalb aus katholischer Perspektive sogar vom „Altar des Ehebettes" gesprochen und für eine „sexuelle Liturgie" geworben wird,[63] zum anderen eine gewisse Verblüffungsresistenz gegenüber der Gender-Theorie. Diese Theorie steht in einer langen Tradition der Leibfeindlichkeit, die bis in die Gnosis der frühen Christenheit zurückreicht, die im Leib wie in der Materie schlechthin ein Gefängnis des Geistes sah, die davon ausging, dass der Mensch „ein Gott ist, eingesperrt in die dumpfe Trägheit seines Fleisches".[64] In dieser Perspektive sind wir nicht der, der zu sein wir uns vor-

---

[63] Raphael M. Bonelli, Plädoyer für eine sexuelle Liturgie, in: Die Tagespost vom 4.9.2014. Das Wort vom Altar des Ehebettes übernimmt Bonelli vom hl. Josemaria Escriva.

[64] John B. Buescher, Gnosticism vs. The Incarnation: The Ancient Battle Renewed, in: http://www.catholicworldreport.com/Item/3933/Gnosticism_vs_Christianity_The_Ancient_Battle_Renewed.aspx#.VX6Z VnSEng.email. Auf die Verwandtschaft der Gender-Theorie mit der Gnosis weist auch Mathias von Gersdorff, a. a. O., S. 58 hin.

stellen, sondern Götter, die in der Körperlichkeit gefangen sind. Zu wissen, dass wir göttergleiche Alleskönner sind – auch im Hinblick auf die Sexualität und die Generativität – gilt als Bedingung der Befreiung. Sie soll allein von unserem Willen abhängen. Wir bestimmen, was Liebe ist. Wir bestimmen auch, was Leben ist. Wir bestimmen, ob ein Embryo schon und ein pflegebedürftiger oder dementer Patient noch ein Mensch ist. Unser Wille maßt sich an, einem Menschen sein Menschsein zu- oder abzusprechen. „Pro Choice" heißt die Bewegung, die beansprucht, dem menschlichen Willen diese Souveränität zuzusprechen und die der Gegenseite, der Bewegung „Pro Life" die Legitimität abspricht.

Eine Kirche, die lehrt, dass die Geschlechterdualität anzunehmen ist, dass eine Ehe ein lebenslanges Bündnis eines Mannes und einer Frau und die Bedingung der Generationenfolge ist, die überzeugt ist, dass das Leben von der Empfängnis bis zum natürlichen Tod zu schützen ist, die sich deshalb „Pro Life" engagiert, gilt in dieser Perspektive als eine Fessel, die unsere Freiheit bedroht. Der Theologie des Leibes wird eine Theologie der Liebe gegenübergestellt. Das Geheimwissen einer Elite von gendersensiblen Theologinnen, die „Genderwissenschaften" sollen die Befreiung aus dem Gefängnis der vorgegebenen Leiblichkeit ermöglichen. Dieser neuen Gnosis ist entgegenzuhalten: Wer die Differenzen zwischen Mann und Frau als Biologismus kritisiert, die Geschlechterdualität in ein „Kontinuum" auflöst, die Empfängnis als Fortpflanzungszentriertheit denunziert und die sexuelle Identität als eine Frage des subjektiven Willens behandelt, gefährdet das Glück zwischenmenschlicher Beziehungen und damit auch das Gemeinwohl. Er stellt auch zentrale Wahrheiten des christlichen Glauben infrage: die Inkarnation, die Leibwerdung des Gottessohnes und die Sakramentalität der Ehe.

IV. Ehe und Familie als Ressource der Gesellschaft

Jedes Land hat ein vitales Interesse, „diejenigen privaten Lebensformen besonders auszuzeichnen, zu schützen und zu fördern, welche Leistungen erbringen, die nicht nur für die Beteiligten, sondern auch für die übrigen Gesellschaftsbereiche notwendig sind. Aus soziologischer Sicht haben sie somit eine gesellschaftliche Funktion, aus ökonomischer Sicht produzieren sie positive externe Effekte."[1] Die Lebensform, die auf diese Weise im 5. Familienbericht der Bundesregierung (1994) gewürdigt wird, ist die Ehe und die aus ihr hervorgehende Familie. Seit Jahrhunderten werden Ehe und Familie in sehr verschiedenen politischen Systemen und in verschiedensten Kulturen moralisch wie rechtlich geschützt, gefördert und privilegiert, weil sie nicht nur den Wünschen der beteiligten Personen entsprechen, sondern der ganzen Gesellschaft Vorteile bringen, Vorteile, die in dieser Effektivität und Qualität von keiner anderen Form des Zusammenlebens erreicht werden, sieht man einmal davon ab, dass diese anderen Formen des Zusammenlebens ohnehin meist nur in utopischen Romanen oder ansatzweise in totalitären politischen Systemen existieren. Was sind diese Vorteile von Ehe und Familie für die Gesellschaft?

1. Gesellschaftliche Funktionen von Ehe und Familie

Ehe und Familie sorgen zum einen für die physische Regeneration der Gesellschaft, für ihre biologische Reproduktion, mithin für ihre Zukunft, und zum anderen für die Bildung des Humanvermögens der nächsten Generation. Ehe und Familie

---

[1] Familien und Familienpolitik im geeinten Deutschland. Zukunft des Humanvermögens, 5. Familienbericht, hrsg. vom Bundesministerium für Familie, Senioren, Frauen und Jugend, Bundestagsdrucksache 12/7560, Bonn 1995, S. 24.

sorgen in der Regel für die Geburt von Kindern, nicht weil die Eltern an die Zukunft der Gesellschaft denken, sondern weil sie sich lieben. Die Zeugung eines Kindes ist die Inkarnation ihrer Liebe. Ehe und Familie sind deshalb, so hat es die Verfassung des Landes Hessen schon zweieinhalb Jahre vor dem Grundgesetz zum Ausdruck gebracht, „Grundlage des Gemeinschaftslebens" (Art. 4). Deshalb stünden sie „unter dem besonderen Schutz des Gesetzes". Auch die Weimarer Verfassung sah die Ehe „als Grundlage des Familienlebens und der Erhaltung und Vermehrung der Nation unter dem besonderen Schutz der Verfassung" (Art. 121).

Die Ehe ist keine Ratifizierung einer schon bestehenden, sondern der Beginn einer neuen Beziehung zwischen Mann und Frau, die sich ohne Vorbehalt einander schenken, die sich sexuelle Treue sowie liebende Fürsorge und Unterstützung versprechen in Gesundheit und Krankheit, in guten und in schlechten Zeiten bis der Tod sie scheidet. Die Ehe ist deshalb auch eine Ressource für die beiden Ehepartner. Sie schützt ihre gegenseitige Liebe. Sie stabilisiert ihr gegenseitiges Vertrauen und ihren Lebensmut. Sie stützt sie in Tagen des Leids und der Trauer. Im Hinblick auf die aus ihrer geschlechtlichen Vereinigung hervorgehenden Kinder schafft sie eindeutige Bande der Zugehörigkeit, der Identität und der Verwandtschaft sowie der Verantwortung. Verheiratete Männer profitieren von einem stabilen familiären Leben, verheiratete Frauen von der Sicherheit und dem Schutz, der Anerkennung der Vaterschaft ihrer Kinder und der gemeinsamen Verantwortung.[2] In der wirtschaftswissenschaftlichen Glücksforschung spielen Ehe und Familie konsequenterweise eine zentrale Rolle. Sie gelten unter sieben Glücksfaktoren als „der allerwichtigste".[3] Wer das Glück sucht, „findet die Fa-

---

[2]   Witherspoon Institute, Marriage and the Common Good. Ten Principles, Princeton 2006, deutsch: Ehe und Gemeinwohl. Zehn Leitlinien, in: Neue Ordnung, 63. Jg., Sonderheft August 2009, S. 18f.

[3]   Richard Layard, Die glückliche Gesellschaft. Was wir aus der Glücksforschung lernen können, 2. Aufl., Frankfurt 2009, S. 195. Zur wirtschaftswissenschaftlichen Glücksforschung vgl. Manfred Spieker, Je-

milie".[4] In einer empirischen Untersuchung in Italien kommt Pierpaolo Donati zu dem Schluss, dass Familien mit zwei oder mehr Kindern, in denen die Eltern verheiratet sind, glücklicher sind als andere. Die entscheidenden Variablen im Hinblick auf die Fähigkeit einer Familie, Ressource für die Gesellschaft zu sein, seien 1. die Größe der Familie, 2. die Zahl der Kinder, 3. die Bereitschaft, für Ältere zu sorgen, und 4. die Fürsorge für Kinder. Je weniger von allem vorhanden sei, desto dominanter sei der Wunsch nach Selbstbestimmung.[5]

Ehe und Familie sind, wenn sie intakt sind, und intakt sind sie, wenn Vater und Mutter sich lieben, eine kaum zu überschätzende Ressource für die Kinder. Eine intakte Ehe heißt nicht, dass es keine Konflikte gibt, aber sie erfordert ein niedriges Konfliktniveau, die Einsicht, dass nicht Selbstbestimmung, sondern Selbsthingabe der Schlüssel für ein gelingendes Leben ist und ein Handeln nach dieser Einsicht. Ehe und Familie erlauben es den Kindern, sich zu entwickeln und zu reifen. Sie befriedigen ihr Bedürfnis, ihre biologische Identität zu kennen. Sie vermitteln soziale Beziehungen und Tugenden, die für deren Humanvermögen wichtig sind. Das Humanvermögen ist die Gesamtheit der Daseins- und Sozialkompetenzen des Menschen, die dem Erwerb von beruflichen Fachkompetenzen vorausliegen. Diese Daseins- und Sozialkompetenzen sind für die Entwicklung der Gesellschaft, der Wirtschaft und der Kultur von kaum zu überschätzender Bedeutung. Sie werden in der Familie erworben. In ihr werden die Weichen gestellt für die moralischen und emotionalen Orientierungen des Heranwachsenden, für seine

---

der seines Glückes Schmied? Thesen der Christlichen Sozialethik zur Glücksforschung in der Wirtschaftswissenschaft, in: ORDO, Bd. 61 (2010), S. 191ff.

[4] Paul Kirchhof, Vorwort in: Martine und Jürgen Liminski, Abenteuer Familie, Augsburg 2002, S. 7. Vgl. auch Susanne und Marcus Mockler, Familie der unterschätzte Glücksfaktor, Gießen 2008.

[5] Pierpaolo Donati, The Family as a Resource of Society, in: Familia et Vita. Rivista quadrimestrale del Pontificio Consiglio per la Famiglia, 17. Jg. (2012), Heft 2-3, S. 232.

Lern- und Leistungsbereitschaft, für seine Kommunikations- und Bindungsfähigkeit, seine Zuverlässigkeit und Arbeitsmotivation, seine Konflikt- und Kompromissfähigkeit und seine Bereitschaft zur Gründung einer eigenen Familie, zur Weitergabe des Lebens und zur Übernahme von Verantwortung für andere. In der Familie wird über den Erfolg im schulischen und beruflichen Erziehungs- und Ausbildungssystem, auf dem Arbeitsmarkt und in der Bewältigung des Lebens vorentschieden. „Vom Erziehungs- und Sozialisationserfolg, den die Familien in Verbindung mit den öffentlichen Bildungseinrichtungen erreichen, hängt nicht nur die Leistungsfähigkeit, die Innovations- und die Wettbewerbsfähigkeit der Volkswirtschaft ab, sondern auch die Bereitschaft und die Fähigkeit heranwachsender Generationen, sich im politischen, kulturellen und sozialen Leben zu engagieren, etwas zu leisten und Verantwortung zu übernehmen".[6] Kinder intakter Familien haben eine wesentlich geringere Rate des Schulschwänzens und des Schulabbruchs oder, positiv ausgedrückt, eine deutlich höhere Schulerfolgsrate sowie eine bessere physische und psychische Gesundheit und eine bessere eigene Entwicklung in der Pubertät als jene aus Haushalten alleinstehender Eltern, aus Familien mit Stiefeltern oder aus gleichgeschlechtlichen Haushalten.[7] Nach der Bedeutung der Familienverhältnisse für den Schulerfolg jenseits der Einkommenslage zu fragen, mag zumindest in Deutschland politisch unkorrekt sein. Aber es führt kein Weg an der Erkenntnis vorbei, dass Kinder intakter Familien der Welt mit mehr Hingabebereitschaft, größerer Hoffnung, höherem Selbstvertrauen, besserer Selbstkontrolle und deshalb mit reicheren Berufsperspektiven gegenüber treten.

---

[6] H. Lampert, Priorität für die Familie. Plädoyer für eine rationale Familienpolitik, Berlin 1996, S. 25.

[7] Sherif Girgis, Robert P. George und Ryan T. Anderson, What is marriage? In: Harvard Journal of Law and Public Policy, vol. 34 (2010), S. 257f. Vgl. auch Sherif Girgis, Ryan T. Anderson und Robert P. George, What is marriage? Man and Woman: A Defense, London/New York 2012.

Die Päpste Johannes Paul II., Benedikt XVI. und Franziskus haben sich wiederholt und sehr feinfühlig zur Bedeutung
von Ehe und Familie für das Humanvermögen der nächsten
Generation und für das Wohl der Gesellschaft geäußert. In
der Familie lerne das Kind, so Johannes Paul II. in Familiaris
Consortio, was lieben und geliebt werden heißt, was es konk-
ret besagt, Person zu sein: „Die Beziehungen zwischen den
Mitgliedern der Familiengemeinschaft werden vom Gesetz
des unentgeltlichen Schenkens geprägt und geleitet, das in
allen und in jedem einzelnen die Personwürde als einzig entscheidenden Wertmaßstab achtet und fördert, woraus dann
herzliche Zuneigung und Begegnung im Gespräch, selbstlose
Einsatzbereitschaft und hochherziger Wille zum Dienen sowie tiefempfundene Solidarität erwachsen können. So wird
die Förderung einer echten und reifen Gemeinschaft von Personen in der Familie zu einer ersten unersetzlichen Schule
für gemeinschaftliches Verhalten, zu einem Beispiel und
Ansporn für weiterreichende zwischenmenschliche Beziehungen im Zeichen von Achtung, Gerechtigkeit, Dialog und
Liebe. Auf diese Weise ist die Familie … der ursprüngliche
Ort und das wirksamste Mittel zur Humanisierung und Per-
sonalisierung der Gesellschaft; sie wirkt auf die ihr eigene
und tiefreichende Weise mit bei der Gestaltung der Welt,
indem sie ein wahrhaft menschliches Leben ermöglicht, und
das vor allem durch den Schutz und die Vermittlung von
Tugenden und Werten".[8] Benedikt XVI. bringt dieses Gesetz
des Schenkens, das das Familienleben prägt, in seiner Sozialenzyklika Caritas in Veritate (2009) auf die knappe, dem
Topos vom „Homo oeconomicus" entgegengesetzte Formel:
„Der Mensch ist für das Geschenk geschaffen".[9] Er unterstreicht die Bedeutung des familiären Zusammenlebens für
die Kinder: Die auf der Ehe zwischen einem Mann und einer
Frau gründende Familie sei „die größte Hilfe, die man Kindern bieten kann. Sie wollen geliebt werden von einer Mutter
und von einem Vater, die einander lieben, und sie müssen

---

[8] Johannes Paul II., Familiaris Consortio 43.
[9] Benedikt XVI., Caritas in Veritate 34 und 36.

mit beiden Elternteilen zusammen wohnen, aufwachsen und leben, denn die Mutter- und die Vaterfigur ergänzen einander bei der Erziehung der Kinder und beim Aufbau ihrer Persönlichkeit und ihrer Identität".[10] Franziskus ergänzte das um den Hinweis auf die Notwendigkeit der familiären Tischgemeinschaft. Nicht nur zusammen wohnen sollen die Kinder mit den Eltern, sondern auch zusammen Mahl halten. Die Tischgemeinschaft sei „ein sicheres Thermometer, um die Befindlichkeit der Beziehungen zu messen: Wenn in der Familie etwas nicht in Ordnung ist oder eine verborgene Wunde vorhanden ist, versteht man das bei Tisch sofort. Eine Familie, die fast nie zusammen isst, oder in der man bei Tisch nicht redet, sondern fernsieht oder mit dem Smartphone beschäftigt ist", ist kaum Familie. „Wenn die Kinder bei Tisch am Computer hängen, am Handy, und einander nicht zuhören, dann ist das nicht Familie, sondern eine Pension".[11] In seiner Sozialenzyklika Laudato Sí unterstreicht Franziskus die Bedeutung der Familie für die Kultur des Zusammenlebens und die Achtung der Umwelt: „In der Familie werden die ersten Gewohnheiten der Liebe und Sorge für das Leben gehegt, wie zum Beispiel der rechte Gebrauch der Dinge, Ordnung und Sauberkeit, die Achtung des örtlichen Ökosystems und der Schutz aller erschaffenen Wesen. Die Familie ist der Ort der ganzheitlichen Erziehung, wo sich die verschiedenen Momente der persönlichen Reifung ausformen, die eng miteinander verbunden sind. In der Familie lernt man, um Erlaubnis zu bitten, ohne andere zu überfahren, „danke" zu sagen als Ausdruck einer aufrichtigen Wertschätzung dessen, was wir empfangen, Aggressivität oder Unersättlichkeit zu beherrschen und um Verzeihung zu bitten, wenn wir irgendeinen Schaden angerichtet haben. Diese kleinen Gesten ehrlicher Höflichkeit helfen, eine Kultur des

---

[10] Benedikt XVI., Ansprache an die Teilnehmer der 19. Vollversammlung des Päpstlichen Rates für die Familie am 8.2.2010, in: L'Osservatore Romano (deutsch) vom 26.2.2010, S. 7.

[11] Franziskus, Ansprache bei der Generalaudienz am 11.11.2015, in: Die Tagespost vom 14.11.2015.

Zusammenlebens und der Achtung gegenüber unserer Umgebung aufzubauen".[12] Nicht nur Wirtschaft und Gesellschaft sowie das sozialstaatliche Leistungssystem profitieren von diesen Leistungen der Familie, sondern auch der demokratische Staat, der auf interessierte, motivierte, partizipations- und solidaritätsbereite Bürger angewiesen ist, und nicht zuletzt die Kirchen, die für die Weitergabe des Glaubens der Mitwirkung der Eltern bedürfen. Ehe und Familie sind deshalb nicht nur eine Ressource für die unmittelbar Betroffenen, also Eltern und Kinder, sondern auch für das Gemeinwohl in Gesellschaft, Staat und Kirche.

Verhaltensbiologie, Entwicklungspsychologie, Pädiatrie und Gehirnforschung haben die Bedeutung der ersten Lebensphase und der Familie für die Bildung des Humanvermögens immer wieder unterstrichen – sowohl positiv im Hinblick auf die Reifung der Persönlichkeit als auch negativ im Hinblick auf das Scheitern einer solchen Reifung als Folge frühkindlicher Betreuungs- und Bindungsmängel. Zivilgesellschaft und Wirtschaft profitieren von intakten Ehen und Familien, von dem Netz des Vertrauens und den sozialen Beziehungen, die zwischen verschiedenen Familien und Generationen geschaffen werden. Die aus dem Erwerbsleben ausgeschiedene Generation der Rentner und Pensionäre ist Teil dieser Zivilgesellschaft. Intakte Familienbande bewahren sie vor der Einsamkeit im Alter, jener verbreiteten Befindlichkeit einer kinderlosen, alternden Gesellschaft, die vermehrt nach Suizidassistenz oder gar aktiver Sterbehilfe rufen lässt.[13] Die in intakten Familien erworbenen und geüb-

---

[12] Franziskus, Laudato Si 213. Auch in den Mittwochskatechesen bei den Generalaudienzen behandelte Franziskus 2014 und 2015 das Thema Familie.

[13] Manfred Spieker, Sterbehilfe? Selbstbestimmung und Selbsthingabe am Lebensende. Eine katholische Perspektive, in: Thomas Sören Hoffmann/Marcus Knaup, Hrsg., Was heißt: In Würde sterben?, Wiesbaden 2015, S. 215ff.. und Manfred Spieker, Suizidbeihilfe? Fragen an die Gesetzentwürfe zum assistierten Suizid im Deutschen Bundestag, in: Rainer Maria Kardinal Woelki, Christian Hillgruber, Giovanni Maio, Christoph von Ritter, Manfred Spieker, Wie wollen wir sterben?

ten Tugenden der Hilfsbereitschaft, der Selbsthingabe, der Selbstbeherrschung, des Vertrauens und des Gespürs für Gerechtigkeit sind der Kitt in allen Bereichen des sozialen Lebens. Sie verleihen dem Staat Stabilität. Sie stärken das Gemeinwohl. Auch für die Kirche sind diese Tugenden eine Voraussetzung dafür, dass die Verkündigung des Evangeliums auf fruchtbaren Boden fällt. Selbst die umstrittene Erklärung der EKD zu Ehe und Familie von 2013 kann sich dieser Einsicht nicht ganz entziehen. Sie unternimmt zwar alles, um Ehe und Familie zu relativieren, um die sozialistische Familienpolitik der DDR zu glorifizieren und, wie erwähnt, um „gleichgeschlechtliche Partnerschaften … auch in theologischer Sicht als gleichwertig anzuerkennen", stellt aber doch auch fest: „Der Familie als gesellschaftlicher Institution kommt … für die Weitergabe des Lebens und den sozialen Zusammenhalt nach wie vor eine zentrale und unverzichtbare Rolle zu".[14]

2. Gesellschaftliche Folgen zerbrochener Familien

Die Bedeutung der Familie als Ressource für das Gemeinwohl wird unterstrichen, wenn die Folgen untersucht werden, die das Zerbrechen von Familien und die Relativierung der Ehe durch den sozialen, moralischen und rechtlichen Wandel, das Gender-Mainstreaming und die Legalisierung gleichgeschlechtlicher Partnerschaften hat. Diese Folgen betreffen zunächst die Eheleute selbst, dann die Kinder, schließlich die Gesellschaft und den Staat und nicht zuletzt generationenübergreifend die demographische Entwicklung. Sie gleichen einer pathologischen Spirale. „Family breakdown reduces health, wealth and wellbeing – the three things in which people are most interested. Reduced health, wealth and wellbe-

---

Beiträge zur Debatte um Sterbehilfe und Sterbebegleitung, Paderborn 2016, S. 91ff.

[14] EKD, Zwischen Autonomie und Angewiesenheit … a. a. O. (S. 37, Fn 1), S. 125.

ing all put pressure on relationships, thus reinforcing and perpetuating the vicious circle of breakdown".[15] Das Scheitern einer Familie vermindert Gesundheit, Wohlstand und Wohlbefinden – die drei Dinge, an denen die Menschen am meisten interessiert sind. Verminderte Gesundheit, verminderter Wohlstand und vermindertes Wohlbefinden belasten die Beziehungen und verstärken und perpetuieren so den Teufelskreis des Scheiterns. Die Explosion der Scheidungsrate in den vergangenen 20 Jahren ist nicht nur in Deutschland historisch beispiellos. Sie betrug 1965 noch 12 % und stieg über 30 % im ersten Jahr nach der Wiedervereinigung 1991 auf über 55 % 2003. Im vergangenen Jahrzehnt pendelte sie um die 50 %. Die Folgen für die Betroffenen sind gravierend, werden aber nicht selten verniedlicht. In der familiensoziologischen und -psychologischen Forschung wird gelegentlich für eine „Entdramatisierung" von Scheidungen plädiert, die „nicht als einzelnes Ereignis, sondern als ... Übergang in einer Reihe familialer Übergänge zu definieren" seien. Die Belastungen für das Leben der Betroffenen liegen jedoch auf der Hand. Die Scheidungsforschung der 90er Jahre zeige, stellt selbst der 7. Familienbericht der Bundesregierung fest, der sonst sehr zur Entdramatisierung der Scheidungen neigt, dass sich bei Geschiedenen im Vergleich mit Verheirateten „ein niedrigeres Niveau psychischen Wohlbefindens" feststellen lässt, „das u. a. in vermindertem Glücksgefühl, vermehrten Symptomen psychischer Belastung wie Depressionen und psychosomatischen Beschwerden und einem eher negativen Selbstkonzept zum Ausdruck kommt. Geschiedene Personen haben zudem mehr gesundheitliche Probleme und ein erhöhtes Risiko der Sterblichkeit ... Alkohol- und Drogenmissbrauch treten verstärkt auf ... Geschiedene haben einen niedrigeren Lebensstandard und leiden unter größeren ökonomischen Belastungen als Verheiratete.

---

[15] Relationships Foundation (Cambridge), Counting the Cost of Family Failure Research Note 12/01, S. 6, für 2015 vgl. http://www.relationshipsfoundation.org/family-policy/cost-of-family-failure-index/ (abgerufen am 17.6.2015).

Letzteres gilt insbesondere für geschiedene Frauen."[16] Im Alter kommt die Einsamkeit erschwerend zu all den anderen Belastungen dazu.

Kinder zerbrochener Familien, oft hin und her geschoben zwischen Vater und Mutter, unterliegen selbst einem wesentlich höheren Risiko, in Armut aufzuwachsen, die Schule ohne Abschluss zu verlassen, im Erwachsenenalter Schwierigkeiten in langfristigen Beziehungen und in der Ehe zu haben, selbst geschieden zu werden, unter psychischen Erkrankungen, Selbstmordneigungen und Delinquenz zu leiden und als Mädchen eine Frühschwangerschaft zu erfahren. Das Scheidungsrisiko von Kindern geschiedener Eltern liegt um 80 % über dem von Kindern verheirateter Eltern. In den meisten Fällen bringt die Wiederverheiratung eines Elternteils, wie amerikanische Untersuchungen zeigen, den Scheidungskindern keine Hilfe. Die mit Stiefeltern lebenden Kinder verzeichnen fast die gleichen Schulabbrecherquoten, Delinquenzraten und Frühschwangerschaften wie die Kinder, die nach einer Scheidung im Haushalt eines allein bleibenden Elternteils aufwachsen.[17] Kinder leiden unter der Schwächung von Ehe und Familie aber nicht nur als Scheidungs- und Stiefkinder. Auch bei ehelos zusammenlebenden Paaren sind Kinder vermehrt Belastungen ausgesetzt. Etwa 50 % dieser Kinder müssen nach Studien in den USA den Abbruch der Beziehungen der Eltern bis zum fünften Lebensjahr erleben, während die Vergleichsziffer für eheliche Kinder bei 15 % liegt. Rund 37 % der unehelich geborenen Kinder und 31 % der Scheidungskinder beenden in den USA die schulische Ausbildung nicht, während die Vergleichsziffer für die Kinder verheirateter Eltern bei 13 % liegt.[18] Dies gilt nach der erwähnten kanadischen Untersuchung auch für Kinder, die in gleichgeschlechtlichen Partnerschaften aufwachsen. Die Wahrscheinlichkeit, dass sie einen High School-Ab-

---

[16] Familie zwischen Flexibilität und Verlässlichkeit, a. a. O., S. 116ff. Vgl. oben S. 25.
[17] Witherspoon Institute, a. a. O., S. 32.
[18] A. a. O., S. 23.

schluss erreichen, beträgt nur 65 %, das heißt rund 35 % von ihnen verfehlen den High School-Abschluss, von Mädchen in lesbischen Haushalten sogar 65 % und in schwulen Haushalten 85 %.[19] Dass Kinder in intakten Familien deutlich bessere Entwicklungschancen haben als Kinder, deren Eltern nicht verheiratet oder geschieden sind, ist in zahlreichen Untersuchungen in verschiedenen Ländern und Kulturen nachgewiesen worden.[20]

Für die Gesellschaft, das Bildungs- und das Sozialleistungssystem hat die Schwächung von Ehe und Familie ebenfalls schwerwiegende Folgen. Die seit dem Jahr 2000 jährlich rund 150.000 Scheidungskinder (2003: 170.256; 2014: 134.803) und die rund 200.000 unehelich geborenen (2011: 224.744), oft bei allein erziehenden Müttern aufwachsenden Kinder in Deutschland bedeuten ein erhebliches Armutsrisiko. Der Anstieg der Kinderarmut ist zwar ein in Medien und Politik häufig erörtertes Thema. Aber meist wird der Sozialstaat zum Schuldigen erklärt.[21] Es wird vermieden, auf die Hauptursache hinzuweisen: die Schwächung von Ehe und Familie. Während von den in einer Ehe aufwachsenden Kindern 2004 etwa 3 % auf soziale Unterstützung durch den Staat angewiesen waren, waren es von den Kindern der Alleinerziehenden über 27 %. Eine Debatte über die Hauptursache würde schnell deutlich machen, dass das Problem nicht in erster Linie mit Geld oder sozialstaatlichen Leistungen zu lösen ist, dass es vielmehr großer moralischer, kultureller und bildungspolitischer Anstrengungen zur Stärkung von Ehe und Familie bedürfte. Um das Armutsrisiko und all die anderen Risiken, die Kinder und Jugendliche geschiedener oder nicht verheirateter Eltern auf ihrem Lebensweg erwarten, zu mildern, haben Gesellschaft und Staat einen hohen

---

[19] Douglas W. Allen, High school graduation rates among children of same-sex households, a. a. O. (S. 24, FN 9), S. 635ff.

[20] Robert P. George/Jean Bethke Elshtain, The Meaning of Marriage. Family, State, Market, & Morals, Dallas 2006.

[21] Auch in der Erklärung der EKD Zwischen Autonomie und Angewiesenheit, a. a. O., S. 120.

Preis zu zahlen. Die Ausgaben für Sozialleistungen, Unterhaltsvorschuss, Bildungs- und Erziehungshilfen, Drogen- und Gewaltprävention wachsen stark. Die britische Relationships Foundation, die seit 2009 jährlich die Kosten für das Scheitern von Familien berechnet, kommt für 2015 auf 47 Milliarden Pfund, gegliedert in Steuern und Sozialhilfe, Wohnung, Gesundheit und Sozialhilfe, Zivil- und Strafgerichtsbarkeit sowie Erziehung und Jugendhilfe.[22] Ein Heer von Schulpsychologen soll dafür sorgen, die Belastungen von Scheidungskindern aufzufangen, die Aggressivität der Problemschüler und ihre Anfälligkeit für körperliche und seelische Störungen abzubauen und ihre Selbstsicherheit, ihre Sozialkompetenz sowie ihre Lebensfreude zu stärken. Für jeweils 5000 Schüler wird von der Gewerkschaft Erziehung und Wissenschaft in Niedersachsen ein Schulpsychologe gefordert.[23] Bei 11,7 Millionen Schülern in Deutschland (2009/10) wären das über 2000 Stellen.

Die Schwächung von Ehe und Familie hat auch vermehrte Eingriffe der Justiz in das Familienleben bzw. die Eltern-Kind-Beziehungen zur Folge. Zur Durchsetzung von Unterhaltsansprüchen, zur Regelung des Sorge- und Besuchsrechts bei zerbrochenen Familien oder auseinander gehenden Paaren mit Kindern werden die Gerichte bemüht. Im Jahr 2013 wurden an deutschen Gerichten 137.985 Sorgerechtsfälle verhandelt. Der Ruf nach dem Staat führt zu einem Eindringen der öffentlichen Gewalt in die familiale Gemeinschaft, mithin à la longue zu einer Vergesellschaftung der Familie.[24] Der Anstieg der Scheidungen hat somit nicht nur wegen des wachsenden Bedarfs an Wohlfahrts- und Krippenprogrammen, sondern auch wegen der wachsenden Interventionen

---

[22] Relationships Foundation, a. a. O., S. 3.
[23] Rainer Dollase u.a., Situation der Schulpsychologie in Deutschland und in Niedersachsen im internationalen Vergleich, Gutachten, Februar 2010 in: GEW Niedersachsen, online, 12.2.2010.
[24] Udo di Fabio, Der Schutz von Ehe und Familie: Verfassungsentscheidung für die vitale Gesellschaft, in: Neue Juristische Wochenschrift, 2003, S. 994.

der Gerichte eine Steigerung der Macht des Staates zur Folge. Die Zivilgesellschaft zahlt für den Niedergang von Ehe und Familie einen hohen Preis. Der Leviathan springt in die Bresche. Er wird umso stärker, je schwächer Ehe und Familie sind.

Die Anerkennung des eigenen Geschlechts und der Geschlechterdifferenz bleiben die Voraussetzung, um eine Ehe einzugehen und eine Familie zu werden, die für die Regeneration der Gesellschaft und die Bildung des Humanvermögens sorgt. Sie bleiben die Voraussetzung, um die Familie als „citizenship of its own" zu begreifen.[25] Dies ist die Grundlage des Art. 6 GG. Keine Kollektivbetreuung, mithin keine Kindertagesstätte kann für die Bildung des Humanvermögens auch nur annähernd ähnlich intensiv sorgen wie die Mutter oder der Vater oder – stehen sie, aus welchen Gründen auch immer, nicht zur Verfügung – eine feste Bezugsperson, zu der das Kind eine stabile Beziehung des Vertrauens hat, die aber immer nur die zweitbeste Lösung bleibt. Die Deutsche Psychoanalytische Vereinigung hat deshalb in einem Memorandum zum damals forcierten Krippenausbau in Deutschland vom 12. Dezember 2007 darauf hingewiesen, dass in den ersten drei Lebensjahren „die Grundlagen für die seelische Gesundheit des Menschen gelegt" werden, dass „regelmäßige ganztägige Trennungen von den Eltern eine besondere psychische Belastung für die Kinder" bedeuten, und dass für die Entwicklung des kindlichen Sicherheitsgefühls und die Entfaltung seiner Persönlichkeit „eine verlässliche Beziehung zu den Eltern am förderlichsten ist".[26] Der 7. Familienbericht der Bundesregierung sperrte sich gegen diese Einsicht, dass das Wohl des Kindes von der Stabilität von

---

[25] Pierpaolo Donati, The Family as a Resource of Society, in: Familia et Vita, 17. Jg. (2012), Nr. 2-3, S. 217ff.

[26] Memorandum der Deutschen Psychoanalytischen Vereinigung „Krippenausbau in Deutschland Psychoanalytiker nehmen Stellung", in: Psyche, 62. Jg. (2008), S. 202f. Das ganze Heft ist dem Thema „Außerfamiliäre Betreuung und frühkindliche Entwicklung – Psychoanalytische Perspektiven" gewidmet.

Ehe und Familie abhängt. Die überwiegende Mehrheit der Scheidungskinder habe „einen unproblematischen Entwicklungsverlauf". Dies widerspreche „der wissenschaftlich als überholt anzusehenden Vorstellung, Kinder würden sich nur bei verheirateten leiblichen Eltern optimal entwickeln ..." Es sei vielmehr davon auszugehen, „dass eine gesunde psychosoziale Entwicklung mit einem breiten Spektrum familialer Lebensformen vereinbar ist".[27] Der Bericht gibt keine Auskunft darüber, wer behauptet hat, dass die Kinder sich „nur" bei verheirateten leiblichen Eltern gut entwickeln. Nachweisbar aber ist, dass sie sich bei verheirateten leiblichen Eltern deutlich besser entwickeln als bei unverheirateten, geschiedenen oder gleichgeschlechtlichen. Die Autoren weichen mit der Verwendung des Wörtchens „nur" dem Problem des Kindeswohles und seiner Bedingungen aus.

Würde die Familienpolitik ihre Genderfixierung aufgeben und die Erkenntnisse der Verhaltensbiologie, der Entwicklungspsychologie, der Pädiatrie und der Hirnforschung über den Zusammenhang von Ehe und Familie, Kindeswohl und Gemeinwohl berücksichtigen, müsste sie andere Schwerpunkte setzen als sie gegenwärtig setzt. Sie müsste sich wieder an Art. 6 GG orientieren, Ehe und Familie als Ressource des Gemeinwohls begreifen und einen „besonderen Schutz" angedeihen lassen sowie Pflege und Erziehung der Kinder als das „natürliche Recht der Eltern und die zuvörderst ihnen obliegende Pflicht" anerkennen.

Der 8. Familienbericht der Bundesregierung (2012) versuchte einige Korrekturen. Er enthielt sich der familienfeindlichen Ideologie des 7. Familienberichts. Er begann sogar mit der Feststellung „Familie erbringt unverzichtbare Leistungen für unser Gemeinwesen. Sie erzieht junge Menschen, investiert in private und öffentliche Fürsorge und stiftet sozialen Zusammenhalt".[28] Die Bedeutung, die der Bericht

---

[27] 7. Familienbericht, a. a. O., S. 120.

[28] Zeit für Familie. Familienzeitpolitik als Chance einer nachhaltigen Familienpolitik, 8.Familienbericht, hrsg. vom Bundesministerium für Familie, Senioren, Frauen und Jugend, Berlin 2012, Bundestagsdruck-

der „Zeitpolitik" für die Familie zumaß, ließ erkennen, dass ihm wieder mehr am Gelingen von Familie gelegen war. Aber es ging ihm nicht um mehr Zeit der Eltern für die Erziehung ihrer Kinder, sondern um mehr „Zeitsouveränität". Am Paradigmenwechsel der Familienpolitik der Bundesregierung, der Erwerbsintegration der Frau,[29] wollte er nichts ändern. Nichtsdestotrotz plädierte er vorsichtig für ein „Family-Mainstreaming".[30] Versteht man unter „Family-Mainstreaming" eine nachhaltige Orientierung aller politischen und gesetzgeberischen Maßnahmen am Schutz und an der Förderung der Familie als einer Beziehungseinheit verschiedener Geschlechter und Generationen, dann ist ein solches „Family-Mainstreaming" von zentraler Bedeutung, aber einstweilen nicht in Sicht.

3. Strukturreformen zum Schutz von Ehe und Familie

Eine Familienpolitik, die Ehe und Familie nur als Ansammlung von Individuen mit jeweils eigenen Rechten betrachtet, sieht die Familienmitglieder entweder staatsfixiert in Abhängigkeit von wohlfahrtsstaatlichen Betreuungsleistungen oder marktfixiert als souveräne Konsumenten. In der ersten, der etatistischen Perspektive ist der Staat verantwortlich nicht nur für ein menschenwürdiges Einkommen, sondern auch für die Betreuung und Erziehung der Kinder, möglichst ab der

---

sache 17/9000, S. 1 und 5. Vgl. Auch Gregor Thüsing, Zeit für Verantwortung, in: FAZ vom 8.12.2011. Thüsing war Vorsitzender der Kommission, die den 8. Familienbericht erarbeitete.

[29] In ihrer Stellungnahme zum 7. Familienbericht erklärte die Bundesregierung (a. a. O., S. XXIV), sie habe einen Paradigmenwechsel in ihrer Familienpolitik hin zur „Erwerbsintegration von Frauen" eingeleitet.

[30] Zeit für Familie, a. a. O., S. 2. Ein Nachklang des Gender-Mainstreaming findet sich allerdings noch in der Definition der Familie als „Herstellungsleistung", die im Zusammenwirken mit den öffentlichen Institutionen entstehe und sich nicht mehr nur über Heirat konstituiere, „sondern über Solidarität, Wahlverwandtschaft und Elternschaft" (S. 4f.).

Geburt, ja für die Erfüllung von Kinderwünschen selbst, weshalb er dazu neigt, sich an den Kosten der assistierten Reproduktion zu beteiligen. In dieser Perspektive gilt der „Familialismus" als ein überwundenes Übel und der sozial-investive Wohlfahrtsstaat als Heilsbringer. Der Leviathan nähert sich im Gewand des barmherzigen Samariters. Diese Position führt nicht nur zu einer permanenten Überforderung des Wohlfahrtsstaates und seines Leistungssystems, sondern auch zu einer wachsenden gesellschaftlichen Fragmentie-rung. Sie missachtet darüber hinaus das Subsidiaritätsprinzip, das die Freiheit und die Eigenverantwortung der Bürger und ihrer freien Zusammenschlüsse schützt. Sie geht von einer anthropologischen Voraussetzung aus, die der conditio hu-mana nicht gerecht wird, weil sie den Menschen auf seine Bedürfnisse reduziert. Sie sieht im Menschen nur noch einen Bettler. Die andere, die marktfixierte Position, reduziert den Menschen auf den souveränen Konsumenten, dessen Bedürf-nisse und dessen Kaufkraft das Angebot induzieren – bis hin zur assistierten Reproduktion. Selbstbestimmung ist das Mantra dieser Position, die dazu neigt, in jedem Menschen einen Prometheus zu sehen. Die Familie, in der das Gesetz des Schenkens gilt und in der jedes Mitglied ebenso Mäzen wie Bettler ist, kann sich gegen diese Zange von Staat und Markt nur wehren, wenn ihr ein Bürgerrecht jenseits von Staat und Markt zuerkannt wird.

Was ist zu tun, um der Familie dieses Bürgerrecht jenseits von Staat und Markt zu verschaffen? Wer dieser Frage aus einer sozialethischen Perspektive nachgeht, wird den Fokus nicht in erster Linie auf die Renaissance der Tugenden rich-ten, so notwendig auch diese ist. Er wird vielmehr fragen, welche strukturellen Reformen und welche institutionellen Arrangements Anreize schaffen können, dieser Renaissance der Tugenden den Weg zu bahnen und die Leistungen der Familie als Ressource für das Gemeinwohl zu würdigen. Vier Wege aus der Gender-Falle sind zu skizzieren: die Ver-teidigung, ja Verbesserung monetärer Transfers im Rahmen des Familienleistungsausgleichs, die Förderung einer sequentiellen statt einer simultanen Vereinbarkeit von Familie und Beruf, die Einführung eines Familienwahlrechts und eine Kinder berücksichtigende Reform der Alterssicherung.

a) Transferzahlungen

Transferzahlungen für Familien sind unersetzbar. Sie sind Investitionen in die Zukunftsfähigkeit der Gesellschaft und in das Humanvermögen der nächsten Generation, nicht soziale Stütze oder gar „Fallen" für die Gleichberechtigung der Geschlechter. Sie sind Hilfen, die der Familie die Wahrnehmung der ihr eigenen Aufgaben erleichtern. Kindergeld, Erziehungs- bzw. Elterngeld, Betreuungsgeld, Erziehungs- bzw. Elternzeit, Berücksichtigung von Ehe und Familie im Steuerrecht und Anrechnung von Erziehungszeiten im Rentenrecht sind deshalb notwendig. Sie werden erst dann der Erziehungsleistung gerecht, wenn sie nicht nur symbolisch sind wie das Betreuungsgeld, sondern in Richtung eines Erziehungsgehaltes weiterentwickelt werden und Erziehung als Beruf anerkennen.[31] Erst dann lassen sie der Familie die Freiheit, zwischen einem Familienmanagement – in der Regel durch die Mutter in den ersten drei Lebensjahren des Kindes – und einer außerhäuslichen Erwerbstätigkeit zu wählen. Eine solche Weiterentwicklung der Transferzahlungen lässt sich auch nicht als Monetarisierung der Familienbeziehung oder als Marktunterwerfung der Familie denunzieren. Die Familienpolitik in Deutschland darf sich hier ruhig an jenen skandinavischen und österreichischen Reformen orientieren, die die häusliche Erziehung der Kinder und die Nichtinanspruchnahme staatlicher Betreuungsplätze mit besonderen Transferleistungen honorieren.

---

[31] Kompendium a. a. O., 251; Janne Haaland Matlary, Frauen zwischen Familie und außerhäuslicher Erwerbsarbeit, in: Christian Leipert, Hrsg., Familie als Beruf. Arbeitsfeld der Zukunft, Opladen 2001, S. 53ff.

Das Familienministerium und das Finanzministerium in
Berlin haben mehr als fünf Jahre „nachrechnen" lassen, was
den Familien an staatlichen Leistungen zukommt. Die Zeit,
die die Ministerien bzw. die von ihnen eingesetzte Experten-
gruppe aus Wirtschaftswissenschaftlern (!) für dieses „Nachrechnen" brauchten, war so erstaunlich wie verdächtig. Sie
ließ darauf schließen, dass hier politisch „gerechnet" wurde.
Die „Experten" verschiedener Wirtschaftsforschungsinstitute
(ZEW, DIW und Ifo) prüften die Familienleistungen aus-
schließlich unter dem Aspekt der Anreize für die Eltern, „einen Job anzunehmen". Das Ergebnis der „Gesamtevaluation"
schien vorab festzustehen: Nirgends erhalten die Familien so
viel an monetärer Förderung wie in Deutschland und nirgends ist der Effekt so gering.[32] Also muss umgesteuert werden von den Transferleistungen hin zur Strukturförderung:
Kitaausbau statt Betreuungsgeld lautete und lautet immer
noch eine der Schlussfolgerungen. Im „Politischen Bericht
zur Gesamtevaluation der ehe- und familienbezogenen Leistungen" des Ministeriums vom Juni 2013 wurden für 2010
200,3 Mrd. Euro genannt, von denen 55,4 Mrd. Familienför-
derung im engeren Sinne seien.[33] Dass die Kinderfreibeträge
im Steuerrecht als Leistungen des Staates für die Familien
gewertet werden, ist unzulässig, weil der Steuerpflichtige nur
im Maße seiner Belastungsfähigkeit zu besteuern ist. Dies ist
ein Grundsatz des Steuerrechts, auf den u.a. Paul Kirchhof
als Verfassungsrichter in seinen Urteilen wie als Autor immer wieder hingewiesen hat.[34] Familien mit Kindern sind bei

---

[32] „Mäßiges Zeugnis für die Familienpolitik", in: Süddeutsche Zeitung
     vom 20.9.2013, S. 1.
[33] Bundesministerium für Familie, Senioren, Frauen und Jugend, „Politi-
     scher Bericht zur Gesamtevaluation der ehe- und familienbezogenen
     Leistungen" Juni 2013, S.4. Im Familienreport 2011 wurden für das
     Jahr 2009 noch 195 Milliarden Euro als ehe- und familienbezogene
     Leistungen präsentiert. Als „Familienförderung im engeren Sinne"
     werden freilich nur 53,7 Milliarden genannt. Rund 46 Milliarden wie-
     derum seien steuerliche Maßnahmen.
[34] Vgl. die Entscheidungen des Bundesverfassungsgerichts zur Besteue-
     rung von Familien vom 10.11.1998, in: BVerfGE 99, 216ff. und 246ff.

der Steuer weniger belastungsfähig als Kinderlose. Kinderfreibeträge sind deshalb ein Gebot der Steuergerechtigkeit, aber keine Leistung für die Familie – so wenig wie die Berücksichtigung des häuslichen Arbeitszimmers eines Professors in der Einkommensteuererklärung als Forschungsförderung gelten kann.

b) Vereinbarkeit von Familie und Beruf

Eine Familienpolitik, die die Familie als „citizenship of its own" betrachtet, hat sich gewiss auch um die Vereinbarkeit von Familie und Beruf zu kümmern. Sie hat sich aber von jeder Fixierung auf die simultane Vereinbarkeit zu lösen. Ihr Engagement hat ebenso, ja noch mehr der sequentiellen oder konsekutiven Vereinbarkeit zu gelten. Hinter der Formel „Vereinbarkeit von Familie und Beruf" darf nicht länger die Drohung stehen: „Wehe denen, die sich noch selbst ihren Kindern widmen".[35] Wer den Bedingungen für die optimale Entwicklung des Kindes Rechnung trägt, kann nur zu dem Schluss kommen, dass die sequentielle Vereinbarkeit von Familie und Beruf Kind gerechter ist. Die simultane kann aus vielfältigen Gründen für junge Eltern notwendig sein. Für Eltern, die aufgrund ihrer Einkommensverhältnisse zu doppelter Erwerbstätigkeit gezwungen sind, die ihre Ausbildung oder ihr Studium noch nicht abgeschlossen haben oder die – in gewiss seltenen Fällen – mit der Erziehung ihres Kindes dauerhaft überfordert sind, ist eine Kindertagesstätte eine große Hilfe. Wer aber Krippen funktionalisiert für die Bevölkerungspolitik, die Arbeitsmarktpolitik, die Bildungs-

---

Vgl. auch Heinz Lampert, Priorität für die Familie, a. a. O., S. 234f. und Hermann von Laer, Ausgebeutet und ins Abseits gedrängt: Zur ökonomischen Lage der Familie in Deutschland, in: H. von Laer/W. Kürschner, Hrsg., Die Wiederentdeckung der Familie, Probleme der Reorganisation der Gesellschaft, Münster 2004, S. 128; Jörg Althammer, Ehe und Familie im Einkommensteuerrecht, Köln 2012.

[35] Dieter Schwab, Familie und Staat, in: Jahres- und Tagungsbericht der Görres-Gesellschaft 2006, S. 30, gekürzt auch in FAZ vom 23.11.2006.

politik oder das Gender-Mainstreaming, schadet der Familie. Wer mit Milliardeninvestitionen Anreizsysteme schafft, die die Krippenbetreuung so favorisieren, dass sie eo ipso die familiäre Betreuung von Kleinkindern pönalisieren, schadet der Zukunftsfähigkeit der Gesellschaft. Eine Familienpolitik, die die sequentielle Vereinbarkeit von Familie und Beruf fördert, hat Müttern nach einer kinderbedingten Unterbrechung ihrer Berufstätigkeit zu helfen, wieder in ihren früheren oder einen anderen Beruf einzusteigen. Dies entspräche auch den Wünschen der betroffenen Frauen, die nach einer Untersuchung des Ipsos-Instituts vom März 2007 nur zu 17 % der Meinung waren, dass Kinder in einer Krippe am besten aufgehoben sind, zu 81 % aber die Erziehung zuhause durch die Eltern für das Beste hielten. Bei einer Garantie für einen Wiedereinstieg in den alten oder einen anderen Beruf und einem Betreuungsgeld, das in seiner Höhe der staatlichen Investition in einen Krippenplatz entspricht, hätten sich 22 % bis zu drei Jahren, 70 % aber bis zu sieben Jahren der Betreuung ihrer Kinder gewidmet. Aus diesen Ergebnissen zog das Familiennetzwerk, das die Untersuchung in Auftrag gab, die Schlussfolgerung, dass 100.000 Krippenplätze ausreichend wären.[36]

Eine Familienpolitik, die am Schutz der Familie und am Wohl der Kinder orientiert ist, wird auch zur Kenntnis nehmen, dass sie Eltern nicht vorschreiben kann, wie sie Familie und Beruf zu vereinbaren haben. Wer von den Eltern in welchem Umfang einer Erwerbstätigkeit nachgeht und wer sich in welchem Umfang der Arbeit in Haushalt und Erziehung widmet, geht den Staat nichts an. Deshalb muss die Familienpolitik zur Kenntnis nehmen, dass Eltern, wenn denn beide einer außerhäuslichen Erwerbstätigkeit nachgehen, immer noch, ja verstärkt dem Modell einer Vollzeiterwerbstätigkeit des Vaters und einer Teilzeiterwerbstätigkeit der Mutter den Vorzug geben. Dieses Modell wird von 40 % der Paare bevorzugt, während das Modell der doppelten Er-

---

[36] Ipsos-Institut, Befragung im Auftrag des Familiennetzwerks http://www.familie-ist-zukunft.de/seite/?p=86 (abgerufen am 22.6. 2015).

werbstätigkeit in Vollzeit von 20 % in den 90er Jahren auf 14 % 2013 zurückging.[37] Das Modell der doppelten 32 Stunden-Woche für Mütter und Väter von Familienministerin Manuela Schwesig entspricht offenkundig weniger den Wünschen der Eltern als vielmehr denen der Regierung und der Arbeitgeber, alle Potentiale für den Arbeitsmarkt zu mobilisieren. Ein freiheitlicher demokratischer Rechtsstaat sollte die Entscheidung der Eltern auch nicht durch einseitige Anreizsysteme zu lenken versuchen.

c) Familienwahlrecht

Das Recht, in regelmäßigen Abständen die Regierenden zu bestimmen und dafür unter mehreren Kandidaten auswählen zu können, ist in der Demokratie das Privileg des Bürgers. Dieses Recht muss auch der Familie zuteilwerden.[38] Welchem der verschiedenen Modelle eines Familienwahlrechts – Herabsetzung des Wahlalters, Mehrstimmenmodell oder Stellvertretermodell – der Vorzug gegeben wird, ist eine öffentliche Debatte wert. Nicht alle Modelle sind mit den Grundsätzen eines demokratischen Rechtsstaates vereinbar. Aber es gibt ein Modell, das mit diesen Grundsätzen kompatibel ist. Auch Kinder sind Bürger, Angehörige der Civitas mit eigener Würde und eigenen Rechten. Bisher ist dieser Teil der Civitas vom Wahlrecht ausgeschlossen. Das Wahlrechtsmodell, mit dem sich diese Exklusion vermeiden und auch eine Kollision mit dem rechtsstaatlichen Grundsatz

---

[37] Matthias Keller/Thomas Haustein, Vereinbarkeit von Familie und Beruf. Ergebnisse des Mikrozensus 2013, hrsg. vom Statistischen Bundesamt, Wirtschaft und Statistik, Dezember 2014, S. 733ff.

[38] Vgl. Lore Maria Peschel-Gutzeit, Das Wahlrecht von Geburt an: Ein Plädoyer für den Erhalt unserer Demokratie, und Winfried Steffani, Wahlrecht von Geburt an als Demokratiegebot?, in: Zeitschrift für Parlamentsfragen, 30. Jg. (1999), S. 556ff.; Ursula Nothelle-Wildfeuer, Das Kind als Staatsbürger. Wahlrecht gegen die strukturelle Benachteiligung von Familien?, in: Herder-Korrespondenz, 58. Jg. (2004), S. 198ff.

„one man – one vote" ausschließen lässt, ist ein Kinderwahl-
recht, das die Eltern treuhänderisch bis zum Erreichen des
gesetzlichen Wahlalters wahrnehmen, wie sie ja auch andere
Rechte des Kindes z.B. auf Ausbildung treuhänderisch für
das Kind regeln. Ein solches Familienwahlrecht würde der
Verantwortung der Eltern für die Kinder entsprechen und,
selbst wenn es ein individuelles Recht der einzelnen Familienmitglieder bliebe, den Bürgerstatus der Familie in den
vergreisenden westlichen Gesellschaften stärken.[39]

d) Kinderrente

Das System der Alterssicherung beruht bisher nicht nur in
Deutschland auf einem Generationenvertrag. Er verpflichtet
die jeweils erwerbstätige Generation, mit ihren Beiträgen zur
Rentenversicherung unmittelbar die Generation der Rentner
zu finanzieren. Angesichts der demographischen Entwicklung steht dieses System auf tönernen Füßen, da die Zahl der
Erwerbstätigen langfristig schrumpft und die Zahl der Rentner stark anwächst. Darüber hinaus ist dieses Rentensystem
zu einem Gerechtigkeitsproblem geworden, da die Familien,
die Kinder erziehen und in deren Ausbildung investieren, in
besonderem Maße für die Aufrechterhaltung des Generatio-
nenvertrages sorgen, selbst aber bei den zu erwartenden Ren-
tenleistungen gegenüber den kinderlosen Erwerbstätigen benachteiligt werden. Dieses System lädt zum Trittbrettfahrer-
verhalten ein. Wer keine Kinder hat, kann durch umfangrei-
chere Erwerbsbeteiligung noch höhere Rentenansprüche er-
werben als diejenigen, die Kinder erziehen. Im Auftrag der
ansonsten nicht gerade familienfreundlichen Bertelsmann-
Stiftung hat Martin Werding den Reformvorschlag gemacht,
das umlagefinanzierte System der Alterssicherung durch ein
neues System einer kinderbezogenen Rente zu ergänzen, das
ebenfalls von allen Erwerbstätigen finanziert wird und allen

---

[39] Vgl. dazu Sebastian Müller-Franken, Familienwahlrecht und Verfassung, Tübingen 2013, S. 47ff.

Eltern im Rentenalter Leistungen gewährt, die von der Zahl ihrer Kinder abhängen. Der Beitrag zur umlagefinanzierten staatlichen Alterssicherung soll auf dem gegenwärtigen Niveau eingefroren werden. Dies würde auf Grund der demographischen Entwicklung zu einer beträchtlichen Senkung des Rentenniveaus führen. Diese Rente müsste dann ergänzt werden durch eine „Kinderrente", die so bemessen ist, dass sie Eltern mit drei und mehr Kindern ein Rentenniveau gewährleistet, das dem gegenwärtigen Niveau entspräche. Wer kinderlos ist oder weniger als drei Kinder hat, ist dann gezwungen, die Basisrente durch private Vorsorge zu ergänzen, wenn er eine Rente beziehen will, die dem heutigen Niveau entspricht. Eine solche Rentenreform könnte sich längerfristig auch positiv auf die Fertilität auswirken.[40] Beide Arrangements zusammen, das Familienwahlrecht und eine kinderbezogene Rentenversicherung, würden die Überzeugung, dass die Familie als Citizenship of its own eine Ressource für das Gemeinwohl ist, stärken und die Familienpolitik aus der Fessel der Arbeitsmarkt- und Genderpolitik befreien.

---

[40] Martin Werding, Alterssicherung, Arbeitsmarktdynamik und neue Reformen: Wie das Rentensystem stabilisiert werden kann, Studie im Auftrag der Bertelsmann-Stiftung, Gütersloh 2013, S. 54f. Die Forderung nach einer solchen Rentenreform mit „Kinderkomponente" stellt auch Hans-Werner Sinn, Das demographische Defizit. Die Fakten, die Folgen, die Ursachen und die Politikimplikationen, in: Herwig Birg, Hrsg., Auswirkungen der demographischen Alterung und der Bevölkerungsschrumpfung auf Wirtschaft, Staat und Gesellschaft, Münster 2005, S. 53ff.

V. Menschenwürdige Sexualität – ein neuer Blick auf „Humanae Vitae"

In seiner Enzyklika über die Liebe „Deus Caritas Est" vom 25. Dezember 2005 fragt Benedikt XVI.: „Vergällt uns die Kirche mit ihren Geboten und Verboten nicht das Schönste im Leben? Stellt sie nicht gerade da Verbotstafeln auf, wo uns die vom Schöpfer zugedachte Freude ein Glück anbietet, das uns etwas vom Geschmack des Göttlichen spüren lässt?" Seit langem ist diese Ansicht weit verbreitet, wenn es um die geschlechtliche Liebe zwischen Mann und Frau geht. Friedrich Nietzsche hat ihr den von Benedikt XVI. zitierten markanten Ausdruck gegeben. „Das Christentum habe dem Eros Gift zu trinken gegeben; er sei zwar nicht daran gestorben, aber zum Laster entartet". In seiner Antwort auf Nietzsche zeigt Benedikt XVI., dass die Kirche „nicht dem Eros als solchen eine Absage erteilt, sondern seiner zerstörerischen Entstellung den Kampf ansagt", dass der Eros mithin der Reinigung und der Verbindung mit der Agape bedarf, um dem Menschen nicht nur den Genuss eines Augenblicks, sondern einen gewissen Vorgeschmack von jener Seligkeit zu schenken, auf die unser ganzes Sein wartet[1]. Aber es ist in der Tat so, wenn die katholische Kirche sich zu moralischen Fragen äußert, hören viele zunächst einmal das Nein. Sie hören, was die Kirche als unsittlich und damit unerlaubt verwirft. Sie blenden aus, was sie verteidigt. Nie war das im vergangenen Jahrhundert mehr der Fall als bei der Enzyklika „Humanae Vitae" über die Weitergabe des menschlichen Lebens durch Paul VI. vom 25. Juli 1968. Die Kirche verbiete die hormonale Empfängnisverhütung, so lautete die Botschaft, die in Europa, in den USA und vor allem in Deutschland verbreitet wurde und auch heute noch weithin vertreten wird.[2]

---

[1] Benedikt XVI., Deus Caritas Est 3 und 4.
[2] Vgl. die Sammlungen kritischer Stimmen von Franz Böckle und Carl Hohenstein, Hrsg., Die Enzyklika in der Diskussion. Eine orientierende

1. „Humanae Vitae" und der historische Kontext

Was war der Hintergrund der Enzyklika „Humanae Vitae"? Im Jahr 1960 war in den USA, 1961 dann auch in Deutschland und in vielen anderen Ländern ein die Empfängnis verhinderndes Hormonpräparat auf den Markt gekommen, das den Körper der Frau so manipuliert, dass eine Schwangerschaft vorgetäuscht, eine Empfängnis in der Regel unmöglich und im Falle einer dennoch vorkommenden Empfängnis eine Nidation verhindert wird. Der Volksmund nannte das Präparat bald zutreffend „Anti-Baby-Pille". Die Kirche stand vor der Frage, wie dieses Hormonpräparat zu bewerten sei, ein Präparat, bei dessen Anwendung das Paar die Sexualität des Menschen von der ihr immanenten Fruchtbarkeit trennt. In der Enzyklika „Humanae Vitae" gab Paul VI. die Antwort der katholischen Kirche: Die eheliche Liebe, die im Geschlechtsakt, dem biblischen „Ein-Fleisch-Werden", gipfelt, ist eine Gabe Gottes. Sie ist eine besondere Form personaler Freundschaft, sinnenhaft und geistig zugleich. „Wer seinen Gatten liebt, liebt ihn um seiner selbst willen, nicht nur wegen dessen, was er von ihm empfängt. Und es ist seine Freude, dass er ihn durch seine Ganzhingabe bereichern darf"[3]. „Seiner innersten Struktur nach befähigt der eheliche Akt, indem er den Gatten und die Gattin aufs engste miteinander vereint, zugleich zur Zeugung neuen Lebens, entsprechend den Gesetzen, die in die Natur des Mannes und der Frau eingeschrieben sind"[4]. Die Kenntnis dieser biologischen Gesetze ist die Voraussetzung einer verantwortlichen Elternschaft, die nicht ohne die Tugend der Selbstbeherrschung denkbar ist[5]. Die Anwendung von Hormonpräparaten zum Zweck der

---

Dokumentation zu Humanae Vitae, Einsiedeln 1968 und Ferdinand Oertel, Hrsg., Erstes Echo auf Humane Vitae. Dokumentation wichtiger Stellungnahmen zur umstrittenen Enzyklika über die Geburtenkontrolle, Essen 1968.

[3]   Paul VI., Humanae Vitae 9.

[4]   Humanae Vitae 12.

[5]   Humanae Vitae 10.

Empfängnisverhütung beraubt den ehelichen Akt seiner Natur, Zeichen der Ganzhingabe zu sein und ist deshalb verwerflich. Jeder eheliche Akt hat auf die Verknüpfung seiner beiden Sinngehalte – liebende Vereinigung und Offenheit für die Weitergabe des Lebens – zu achten[6]. Jede Handlung ist deshalb verwerflich, „die entweder in Voraussicht oder während des Vollzugs des ehelichen Aktes oder im Anschluss an ihn beim Ablauf seiner natürlichen Auswirkungen darauf abstellt, die Fortpflanzung zu verhindern". Ein absichtlich unfruchtbar gemachter ehelicher Akt ist in sich unsittlich und kann auch nicht „durch die fruchtbaren Akte des gesamtehelichen Lebens seine Rechtfertigung erhalten".[7]

„Humanae Vitae" fügte sich ein in die vom II. Vatikanischen Konzil propagierte „Förderung der Würde der Ehe und der Familie". Mit diesem Titel überschrieb das Konzil das erste Kapitel des zweiten Teils von „Gaudium et Spes", in dem von der Berufung zu Ehe und Familie und von der sittlichen Würde des ehelichen Geschlechtsaktes die Rede ist.[8] Für viele Ehepaare war diese Botschaft des Konzils eine Ermutigung, die Ehe als einen Weg der Heiligung zu beschreiten: „Ehe und Familie als Berufung: das war etwas ganz Neues. Vor allem die damit verbundene ‚Taufe des Eros' und die Befreiung der ehelichen Sexualität von der ‚Kultur des Argwohns', die dem Christentum Jahrhunderte lang eine prüde Haltung allem Geschlechtlichen gegenüber nachsagte, vermochte junge Brautleute anzuziehen und begeisterte sie, sich dem Ideal der Ehe und Familie als Heils- und Heiligkeitsweg zu verschreiben."[9] In einer Fußnote zu Ziffer 51 hatte das Konzil aber festgehalten, dass es sich noch nicht zur Bewertung der hormonalen Empfängnisverhütung äußern wolle, weil Paul VI. diese Frage der Untersuchung durch

---

6   Humanae Vitae 12.
7   Humanae Vitae 14.
8   Gaudium et Spes 48-52.
9   Renate und Norbert Martin, Humanae Vitae und die „herrliche Neuheit" der Berufung zur christlichen Ehe, in: Die Tagespost vom 24.7. 2008.

eine Kommission anvertraut habe und nach Abschluss der Untersuchung selbst eine Entscheidung treffen werde[10]. Diese Entscheidung enthielt „Humanae Vitae". Die Fußnote hatten jedoch manche Leser auch unter den Moraltheologen fälschlicherweise bereits als Billigung der chemischen Empfängnisverhütung interpretiert, obwohl das Konzil selbst schon unterstrichen hatte, dass die sittliche Qualität des ehelichen Aktes nicht allein von der guten Absicht und Bewertung der Motive abhängt, „sondern auch von objektiven Kriterien, die sich aus dem Wesen der menschlichen Person und ihrer Akte ergeben und die sowohl den vollen Sinn gegenseitiger Hingabe als auch den einer wirklich humanen Zeugung in wirklicher Liebe wahren. Das ist nicht möglich ohne den aufrichtigen Willen zur Übung der Tugend ehelicher Keuschheit"[11]. Deshalb sei es nicht erlaubt, in der Geburtenregelung Wege zu beschreiten, die das Lehramt in Auslegung des göttlichen Gesetzes verwirft. Diese Aussage des Konzils ergibt aber nur dann einen Sinn, wenn die objektiven Kriterien, die für die sittliche Qualität des Geschlechtsaktes entscheidend sind, und die sich aus dem Wesen der Person und ihrer Akte ergeben, jeden Akt der Eheleute meinen.

Die Kritik an „Humanae Vitae" ist der Enzyklika nicht gerecht geworden. Sie hat die Entscheidung Pauls VI. häufig auf die Frage der Methoden der Empfängnisregelung reduziert und übersehen oder verdrängt, dass es der Enzyklika um eine anthropologische Frage ging. Zu dieser Engführung der Kritik hat das Wort der deutschen Bischöfe zur seelsorgerlichen Lage nach dem Erscheinen der Enzyklika vom 30. August 1968, die sogenannte „Königsteiner Erklärung", entscheidend beigetragen[12]. Diese Erklärung wies die Gläubigen zwar mit einem Zitat aus dem Konzilsdekret über die Religi-

---

[10] Gaudium et Spes 51, Fußnote 118.

[11] Gaudium et Spes 51.

[12] Wort der deutschen Bischöfe zur seelsorglichen Lage nach dem Erscheinen der Enzyklika Humanae Vitae, in der Nachkonziliaren Dokumentation des Paulinus-Verlages Bd. 14, Trier 1968, S. 63ff. Die Ziffern im Text beziehen sich auf die Königsteiner Erklärung.

onsfreiheit darauf hin, dass sie bei ihrer Gewissensbildung die Lehre der Kirche sorgfältig vor Augen haben müssen. Es sei Aufgabe der Kirche, „die Wahrheit, die Christus ist, zu verkündigen und authentisch zu lehren; zugleich auch die Prinzipien der sittlichen Ordnung, die aus dem Wesen des Menschen selbst hervorgehen, autoritativ zu erklären und zu bestätigen". Sie erinnerte auch daran, dass viele Christen in der Frage der Empfängnisregelung der Lehre von „Humanae Vitae" entsprechen (11) und dass das Gesetz Christi von jedem Christen verlange, „mehr und mehr von sich selbst abzusehen, um sich mehr und mehr dem anderen hingeben zu können" (17). Sie beklagte auch, dass in der Kritik an der Enzyklika wichtige Aussagen über die eheliche Liebe und die verantwortete Elternschaft ausgeblendet werden (10). Aber alle Aussagen, die Humanae Vitae unterstützten oder verteidigten, wurden verdrängt durch jene Aussagen, die zu Humanae Vitae auf Distanz gingen. Die Königsteiner Erklärung erweckte den Eindruck, als sei die Frage der Empfängnisregelung eine private Angelegenheit (3), bei der man auch zu einem anderen Ergebnis kommen könne als Paul VI. Wer zu einem anderen Ergebnis komme, müsse sich nur „fragen, ob er dies vor Gott verantworten kann" (3) und er müsse „Rücksicht nehmen auf die Gesetze des innerkirchlichen Dialogs und jedes Ärgernis zu vermeiden trachten" (12). Mehrfach war davon die Rede, den Dialog über die Enzyklika auch mit dem Papst fortzusetzen (15/16) und die Lehre der Enzyklika zu ergänzen (9), so dass die Annahme naheliegend war, es handle sich um eine revidierbare Entscheidung. Die Seelsorger wurden aufgefordert, Gewissensentscheidungen der Gläubigen zu respektieren. Sie wurden aber nicht aufgefordert, die Gläubigen auch aufzuklären. Dies ist ein Versäumnis, das bis heute anhält. Größeres Verständnis für die Enzyklika hat die Königsteiner Erklärung nicht bewirkt. Sie wurde im Gegenteil schnell als bischöfliche Erlaubnis interpretiert, „Humanae Vitae" zu ignorieren. Sie

förderte die Verbreitung eines fragwürdigen Gewissensbegriffes.[13]
Die gleiche Wirkung hatten auch die Erklärungen mehrerer anderer Bischofskonferenzen, so die Maria-Troster Erklärung der österreichischen Bischöfe vom 21. September 1968, das Winnipeg Statement on Humanae Vitae der kanadischen Bischöfe und Erklärungen der holländischen, der belgischen und der italienischen Bischöfe. Für alle diese Erklärungen gilt, was der Erzbischof von Wien Christoph Kardinal Schönborn in einer Predigt in Jerusalem am 27. März 2008 seinen bischöflichen Mitbrüdern aus ganz Europa bekannte: „Wir hatten nicht den Mut, ein klares Ja zu „Humanae Vitae" zu sagen ... Aus Angst verschlossen wir uns hinter den Türen, nicht aus Angst vor den Juden (Joh 20,19), sondern wegen der Presse und auch wegen des Unverständnisses unserer Gläubigen. Weil wir keinen Mut hatten, veröffentlichten wir in Österreich die Maria-Troster Erklärung, so wie in Deutschland die Königsteiner Erklärung. Dies hat im Volk Gottes den Sinn für das Leben geschwächt und die Kirche entmutigt, sich für das Leben zu öffnen".[14] Die deutschen Bischöfe hatten bisher auch nicht den Mut, diese Erklärun-

---

[13] Dazu Vincent Twomey, Der Papst, die Pille und die Krise der Moral, Augsburg 2008. Dass die Königsteiner Erklärung von vielen als „General-Legitimation" verstanden wurde, „um sich über den normativen Gehalt von Humanae Vitae hinwegzusetzen", stellte auch Bischof Karl Lehmann in seinem Vortrag „Verantwortete Elternschaft zwischen Gewissenskonflikt, pastoraler Verantwortung und lehramtlichen Aussagen. Versuch einer Standortbestimmung 25 Jahre nach der ‚Königsteiner Erklärung'" vor der Herbstvollversammlung der Deutschen Bischofskonferenz am 25.9.1993 fest (Manuskript S. 15f.). Seine Forderung einer „Relecture" bezog sich jedoch nicht auf „Humanae Vitae", sondern auf die Königsteiner Erklärung (S. 11). Eine kritische Analyse dieser „Relecture" leistet Giovanni B. Sala, Die „Königsteiner Erkärung" 25 Jahre danach, in: Forum Katholische Theologie, 10. Jg. (1994), S. 97ff.

[14] Christoph Schönborn, Wir hatten nicht den Mut, ein klares Ja zu Humanae Vitae zu sagen, in: Christoph Casetti/Marianne Prügl, Hrsg., Geheimnis ehelicher Liebe. Humanae Vitae – 40 Jahre danach, Salzburg 2008, S. 132f.; auch in Kirche heute 10/2008, S. 5.

gen zu revidieren, obwohl sie sowohl von Johannes Paul II. als auch von Benedikt XVI. bei ihren Ad-Limina-Besuchen in Rom und bei anderen Gelegenheiten wiederholt dazu aufgefordert wurden.

2. Entwicklungen seit 1968: Theologie des Leibes, Natürliche Empfängnisregelung, Ehekultur und Lebensschutz

Vier Entwicklungen haben in den vergangenen Jahrzehnten zu einem besseren Verständnis der eigentlichen Anliegen der Enzyklika „Humanae Vitae" beigetragen: Ein ganzheitliches personales Verständnis der Sexualität, Fortschritte im Verständnis des Fruchtbarkeitszyklus der Frau und Entwicklungen in der Ehekultur und im Lebensschutz, die in Deutschland und in vielen modernen Gesellschaften seit der Einführung der chemischen Empfängnisverhütung zu beobachten sind. Es scheint deshalb an der Zeit zu sein, einen neuen Blick auf die Enzyklika „Humanae Vitae" zu werfen, sie also einer Relecture zu unterziehen, einer neuen und vertieften Lektüre, die nicht zuerst nach dem fragt, was sie verbietet, sondern nach dem, was sie verteidigt: „Humanae Vitae" verteidigt die eheliche Sexualität als Ausdruck personaler Liebe. Die Enzyklika ist ein „Hohes Lied" personaler Liebe. Sie verteidigt ein Menschenbild, in dessen Zentrum die Person steht, die Anspruch auf Anerkennung hat und für die Selbsthingabe ebenso zu den Bedingungen eines gelingenden Lebens gehört wie die Selbstbestimmung. Sie verteidigt ein Menschenbild, in dem der Mensch ein geschlechtliches Wesen ist, in dem Mann und Frau füreinander geschaffen sind, und in dem die Ehe nicht nur eine Vertragsbeziehung, sondern Bedingung einer gelingenden sexuellen Vereinigung, biblisch gesprochen, eines gegenseitigen Erkennens von Mann und Frau ist, die sich in dieser Vereinigung gegenseitig schenken und vollenden, um mit Gott zusammenzuwirken bei der Zeugung neuen menschlichen Lebens.

Die gegenseitige Vollendung im ehelichen Akt und die Offenheit für die Zeugung neuen Lebens sind nicht nur durch die chemische Empfängnisverhütung Anfang der 60er Jahre, sondern 15 bis 20 Jahre später auch durch die künstliche Befruchtung, die 1978 zur Geburt des ersten im Labor erzeugten Menschen führte, auseinander gerissen worden. Auch diese Form der Zeugung widerspricht dem personalen Verständnis einer menschenwürdigen Sexualität. Deshalb hat sich die katholische Kirche in den beiden bioethischen Instruktionen der Kongregation für die Glaubenslehre „Donum Vitae" vom 10. März 1987 und „Dignitas Personae" vom 8. September 2008 mit allen Formen und Problemen der assistierten Reproduktion kritisch auseinandergesetzt.[15] Sie verteidigt in diesen Instruktionen die eheliche Sexualität und die Würde der Fortpflanzung gegen die Reproduktionsindustrie, deren Verfahren zur fahrlässigen Tötung von Embryonen und zum Verlust einer menschenwürdigen Sexualität führen.[16]

Anliegen der katholischen Sexualethik ist es, deutlich zu machen, nicht nur, dass die gegenseitige Vollendung in der sexuellen Umarmung und die Offenheit für die Empfängnis neuen Lebens zusammengehören, sondern auch, dass das eine durch die Verknüpfung mit dem anderen konstituiert wird. Die Sexualität ist nicht nur etwas Biologisches. Sie betrifft vielmehr den Kern der menschlichen Person. Der Geschlechtsakt ist deshalb nicht nur ein körperlicher, sondern ein untrennbar leiblicher und geistiger Akt. Es kommen nicht nur die komplementären Körperteile Penis und Vagina, sondern zwei Personen zusammen, die „ein Fleisch" werden.

---

[15] Kongregation für die Glaubenslehre, Instruktion über die Achtung vor dem beginnenden menschlichen Leben und die Würde der Fortpflanzung „Donum Vitae" vom 10.3.1987 in: Verlautbarungen des Apostolischen Stuhles (VAS) Nr. 74 und Instruktion über einige Fragen der Bioethik „Dignitas Personae" vom 8.9.2008, in: VAS, Nr. 183.

[16] Manfred Spieker, Menschenwürde und In-Vitro-Fertilisation. Zur Problematik der Zertifizierung der Zeugung, in: Ders., Der verleugnete Rechtsstaat, Anmerkungen zur Kultur des Todes in Europa, 2. erw. Aufl. Paderborn 2011, S. 83ff.

Die leibliche Vereinigung ist eine personale Vereinigung.[17] Der Geschlechtsakt ist ein Akt gegenseitiger Vollendung durch gegenseitige, vorbehaltlose Hingabe. Dieses vorbehaltlose Sich-Schenken setzt die umfassende gegenseitige Bejahung, die lebenslange Treue und die Bereitschaft zur Transzendierung der Beziehung in der Offenheit für die Weitergabe des Lebens voraus. Eine solche umfassende Hingabe vermag jenes Glück und jene Seligkeit zu schenken, auf die unser ganzes Sein wartet. Auf menschenwürdige Weise wird der Geschlechtsakt nur vollzogen, wenn er in jene Liebe integriert ist, mit der sich Mann und Frau vorbehaltlos einander schenken und die den natürlichen Rhythmus zwischen sexueller Vereinigung und Enthaltsamkeit beachtet. Er ist deshalb nie nur ein Akt des Triebes oder der Leidenschaft, sondern sittlicher Akt einer handelnden Person bzw. zweier handelnder Personen. Er setzt die Tugend der Selbstbeherrschung voraus, in der auch die Enthaltsamkeit zu einem Ausdruck der Liebe und der verantwortlichen Elternschaft wird. „Die leibliche Ganzhingabe wäre eine Lüge", schreibt Johannes Paul II. in „Familiaris Consortio" 1981, „wenn sie nicht Zeichen und Frucht personaler Ganzhingabe wäre, welche die ganze Person, auch in ihrer zeitlichen Dimension, miteinschließt. Wenn die Person sich etwas vorbehielte, zum Beispiel die Möglichkeit, in Zukunft anders zu entscheiden, so wäre schon dadurch die Hingabe nicht umfassend. Die Ganzheit, wie sie die eheliche Liebe verlangt, entspricht auch den Forderungen, wie sie sich aus einer verantworteten Fruchtbarkeit ergeben. Auf die Zeugung eines Menschen hin geordnet, überragt diese ihrer Natur nach die rein biologische Sphäre und berührt ein Gefüge von personalen Werten, deren

---

[17] Robert P. George, Was die Ehe ist – und was sie nicht ist, in: Lothar Häberle/Johannes Hattler, Hrsg., Ehe und Familie – Säulen des Gemeinwohls, Paderborn 2014, S. 93f.; The Two shall become one flesh: Reclaiming Marriage. A Statement by Evangelicals and Catholics Together, in: First Things March 2015, S. 24.

harmonische Entfaltung den dauernden, einträchtigen Beitrag beider Eltern verlangt".[18]

Benedikt XVI. unterstreicht die „unveränderte Wahrheit" von Humanae Vitae und die ganzheitliche Betrachtung des Geschlechtsaktes in einer Ansprache zum 40. Jahrestag der Enzyklika am 10. Mai 2008. In Humanae Vitae werde die eheliche Liebe „innerhalb eines ganzheitlichen Prozesses beschrieben, der nicht bei der Trennung von Seele und Leib haltmacht und auch nicht dem bloß flüchtigen und vergänglichen Gefühl unterworfen ist, sondern Sorge trägt um die Einheit der Person und die vollkommene Gemeinschaft der Eheleute, die sich in der gegenseitigen Annahme einander hingeben im Versprechen treuer und ausschließlicher Liebe, das einer wirklich freien Entscheidung entspringt."[19] In seiner Sozialenzyklika Caritas in Veritate vom 29. Juni 2009 würdigt er erneut die Enzyklika Humanae Vitae, weil sie „die zweifache Bedeutung der Sexualität als Vereinigung und als Zeugung" unterstrichen habe und weil sie deutlich mache, dass die Gesellschaft auf das Fundament des Ehepaares gegründet sei, „eines Mannes und einer Frau, die sich gegenseitig annehmen in ihrer Unterschiedenheit und Komplementa-

---

[18] Johannes Paul II., Apostolisches Schreiben über die Aufgaben der christlichen Familie in der Welt von heute „Familiaris Consortio" vom 22.11.1981, in: VAS Nr. 33, Ziffer 11. Auch die Evangelische Kirche in Deutschland sprach 1985 in der heute fast vergessenen Handreichung zur ethischen Urteilsbildung „Von der Würde werdenden Lebens" von der „leib-seelischen Ganzheit des Zeugungsvorgangs", die durch die künstliche Befruchtung verloren gehe, in: EKD-Texte 11, Hannover 1985, S. 3f.

[19] Benedikt XVI., Ansprache an die Teilnehmer eines Kongresses der Päpstlichen Lateranuniversität Anlässlich des 40. Jahrestages der Enzyklika „Humanae Vitae" am 8.5.2008, in: L'Osservatore Romano (deutsch) vom 30. 5.2008. Vgl. auch Christian Schulz, Die Enzyklika ‚Humanae Vitae' im Lichte von ‚Veritatis Splendor'. Verantwortete Elternschaft als Anwendungsfall der Grundlagen der katholischen Morallehre, St. Ottilien 2008 sowie Reinhard Marx, Lebensschutz als Einsatz für die Menschenwürde, in: Familia et Vita, 14. Jg. (2009), S. 36ff. (Heft 1/2009 dieser Zeitschrift des Päpstlichen Rates für die Familie ist ein Themenheft zum 40. Jahrestag von „Humanae Vitae").

rität; eines Paares also, das offen ist für das Leben."
Humanae Vitae habe die starken Verbindungen gezeigt, „die
zwischen der Ethik des Lebens und der Sozialethik beste-
hen".[20] Auch Papst Franziskus hat Humanae Vitae mehrfach
bekräftigt. In einem Interview mit dem Corriere della Sera
vom 5. März 2014 rühmte er Paul VI. für seine prophetische
Genialität. „Er hatte den Mut, sich gegen die Mehrheit zu
stellen, die moralische Disziplin zu verteidigen, eine kultu-
relle Bremse zu ziehen." In einer Begegnung mit Familien in
Manila am 16. Januar 2015 sprach er erneut vom Mut des
inzwischen selig gesprochenen Pauls VI.: „Er hatte den Mut,
die Offenheit für das Leben in der Familie zu verteidigen. ...
Er schaute auf die Völker der Erde und sah diese Bedrohung
der Zerstörung der Familie durch Kinderlosigkeit. Paul VI.
war mutig, er war ein guter Hirte und warnte seine Schafe
vor den kommenden Wölfen".[21]

Johannes Paul II. hat während seines langen Pontifikats
nicht nur die Lehre von „Humanae Vitae" mehrfach bestätigt, er hat ihr in seiner Theologie des Leibes auch eine ver-
tiefte Begründung gegeben. Diese Theologie des Leibes hat
er in den 133 Katechesen bei seinen Generalaudienzen in den
ersten fünf Jahren seines Pontifikats 1979 bis 1984 entfaltet.
Die Tatsache, dass die Theologie auch über den Leib reflek-
tiert, dürfe niemanden verwundern, der um das Geheimnis
und die Wirklichkeit der Inkarnation weiß. Dadurch, dass das
Wort Gottes Fleisch wurde, sei der Leib zum Gegenstand der
Theologie geworden.[22] Die Theologie des Leibes hat nicht
nur in seinem Apostolischen Schreiben „Familiaris Consortio", sondern auch im Katechismus von 1993 und in seiner

---

[20] Benedikt XVI., Caritas in Veritate 15.
[21] Franziskus, Ansprache bei der Begegnung mit den Familien in Manila
am 16.1.2015, in: L'Osservatore Romano (deutsch) vom 23.1.2015,
S. 8.
[22] Johannes Paul II., Die menschliche Liebe im göttlichen Heilsplan. Eine
Theologie des Leibes, Mittwochskatechesen von 1979-1984, hrsg. von
Norbert und Renate Martin, 2. Aufl. Kisslegg 2008, S. 192. Vgl. auch
Dominik Schwaderlapp, Für immer Ja. Ein Kurs in Sachen Liebe,
München 2007.

Enzyklika „Evangelium Vitae" über den Wert und die Unantastbarkeit des menschlichen Lebens vom 25. März 1995 ihren Niederschlag gefunden. Der Katechismus greift die Perspektive von „Humanae Vitae", von „Familiaris Consortio" und der Theologie des Leibes auf, wenn er feststellt: „Während die geschlechtliche Vereinigung ihrer ganzen Natur nach ein vorbehaltloses gegenseitiges Sich-Schenken der Gatten zum Ausdruck bringt, wird sie durch die Empfängnisverhütung zu einer objektiv widersprüchlichen Gebärde, zu einem Sich-nicht-ganz-Schenken. So kommt zur aktiven Zurückweisung der Offenheit für das Leben auch eine Verfälschung der inneren Wahrheit ehelicher Liebe, die ja zur Hingabe in personaler Ganzheit berufen ist. Dieser anthropologische und moralische Unterschied zwischen der Empfängnisverhütung und der Zuflucht zu den natürlichen Fruchtbarkeitszyklen ist mit zwei sich ausschließenden Vorstellungen von Person und menschlicher Sexualität verknüpft".[23] Johannes Paul II. richtet in „Familiaris Consortio" einen „dringenden Aufruf an die Theologen", dem kirchlichen Lehramt zu helfen, „die biblischen Grundlagen, die ethische Motivation und die personalistische Begründung" der Lehre von „Humanae Vitae" und dem II. Vatikanischen Konzil über die Empfängnisregelung allen Gläubigen zu verdeutlichen. Die Zusammenarbeit der Theologen mit dem kirchlichen Lehramt sei auch deshalb dringend geboten, weil eine innere Verbindung zwischen der kirchlichen Lehre zur Empfängnisregelung und jener zum Menschenbild besteht.[24] Auch im vierten Jahrzehnt nach „Familiaris Consortio" hat dieser Aufruf nichts von seiner Dringlichkeit verloren. Von der Theologie des Leibes hat die Moraltheologie bisher nur sehr unzureichend Kenntnis genommen.[25]

---

[23] Katechismus der Katholischen Kirche 2370.

[24] Johannes Paul II., Familiaris Consortio 31.

[25] Auch im Überblicksartikel über neue Akzentsetzungen in der Sexualethik von Stefan Orth, Durchbruch Für die Beziehungsethik? Die katholische Sexualmoral nach dem Missbrauchsskandal, in: Herder-Korrespondenz, 65. Jg. (2011), S. 303ff. sowie im Gespräch mit Kon-

Die Enzyklika „Evangelium Vitae" setzt die anthropologische Betrachtung der Sexualität fort und verknüpft sie mit einer theologischen. Johannes Paul II. preist die Fortpflanzung als Kooperation der Eheleute mit dem Schöpfer. Die Zeugung eines Kindes durch das vollkommene Sich-Schenken von Mann und Frau im ehelichen Liebesakt sei „ein zutiefst menschliches und in hohem Maße religiöses Ereignis, insofern sie die Ehegatten, die ‚ein Fleisch' werden (Gen 2,24) und zugleich Gott selbst beteiligt, der dabei gegenwärtig ist". Das Kind bringe „ein besonderes Abbild Gottes ... in die Welt: in die Biologie der Zeugung ist die Genealogie der Person eingeschrieben". In der menschlichen Fortpflanzung sei „Gott selber in einer anderen Weise gegenwärtig ... als bei jeder anderen Zeugung ‚auf Erden'. Denn nur von Gott kann jenes ‚Abbild und jene Ähnlichkeit' stammen, die dem Menschen wesenseigen ist, wie es bei der Schöpfung geschehen ist. Die Zeugung ist die Fortführung der Schöpfung".[26]

Die Fortschritte in der Erforschung des Fruchtbarkeitszyklus der Frau in den vergangenen Jahrzehnten haben das Verständnis für die Enzyklika „Humanae Vitae" deutlich verbessert. Sie haben zugleich besser erkennen lassen, dass es sich bei der Entscheidung zwischen der natürlichen Empfängnisregelung und der chemischen Empfängnisverhütung nicht

---

rad Hilpert über Sexualethik „Die Qualität von Beziehungen", in: Herder-Korrespondenz, 65. Jg (2011), S. 448ff. kommt sie nicht vor. Zu den Ausnahmen gehören Gerhard Höver, Verantwortete Elternschaft – Überlegungen im Hinblick auf eine Theologie des Leibes, in: Konrad Hilpert, Hrsg., Zukunftshorizonte katholischer Sexualethik, a. a. O., S. 263ff. und Dominik Schwaderlapp, Erfüllung durch Hingabe. Die Ehe in ihrer personalistischen, sakramentalen und ethischen Dimension nach Lehre und Verkündigung Karol Wojtylas/Johannes Pauls II., St. Ottilien 2002.

[26] Johannes Paul II., Evangelium Vitae 43. Erhellendes zum „Personsein in Mann und Frau" sowohl aus philosophischer als auch aus theologischer perspektive bietet Hanna-Barbara Gerl-Falkovits, Frau-Männin-Menschin. Zwischen Feminismus und Gender, Kevelaer 2009, S. 195ff.

nur um eine Methodenfrage, sondern um eine anthropologische Frage handelt. Paul VI. hatte in „Humanae Vitae" bereits darauf hingewiesen, dass die Kirche „die Berücksichtigung der empfängnisfreien Zeiten" beim Geschlechtsverkehr durch die Ehegatten für legitim hält. Diese Berücksichtigung empfängnisfreier Zeiten erfordert von den Eheleuten die Tugend der Keuschheit. Diese Tugend ist nicht nur eine Tugend für den Geschlechtsverkehr. Sie gilt für das ganze Leben – vor der Ehe, in der Ehe und ohne die Ehe für die, die sich entschieden haben, ehelos zu leben. Zugleich hat Paul VI. deutlich gemacht, dass die Entscheidung zwischen der Berücksichtigung empfängnisfreier Zeiten und der chemischen Empfängnisverhütung durch die Manipulation des Körpers der Frau „zwei ganz unterschiedliche Verhaltensweisen" zum Gegenstand hat.[27] Diese Entscheidung lässt sich deshalb nicht auf die Methodenfrage reduzieren. In diesen unterschiedlichen Verhaltensweisen spiegeln sich, schreibt Johannes Paul II. in „Familiaris Consortio" anthropologische und moralische Differenzen, die größer und tiefer sind, „als man gewöhnlich meint" und die mit „zwei sich gegenseitig ausschließenden Vorstellungen von Person und menschlicher Sexualität verknüpft" sind. „Die Entscheidung für die natürlichen Rhythmen beinhaltet ein Annehmen der Zeiten der Person, der Frau, und damit auch ein Annehmen des Dialoges, der gegenseitigen Achtung, der gemeinsamen Verantwortung, der Selbstbeherrschung. Die Zeiten und den Dialog annehmen heißt, den zugleich geistigen und körperlichen Charakter der ehelichen Vereinigung anerkennen und die personale Liebe in ihrem Treueanspruch leben. In diesem Zusammenhang macht das Ehepaar die Erfahrung, dass die eheliche Vereinigung um jene Werte der Zärtlichkeit und der Affektivität bereichert wird, die die Seele der menschlichen Geschlechtlichkeit bilden, auch in ihrer leiblichen Dimension. Auf diese Weise wird die Sexualität in ihrer echt- und vollmenschlichen Dimension geachtet und gefördert, sie wird

---

[27] Paul VI., Humanae Vitae 16.

nicht ‚benutzt' wie ein Gegenstand, was die personale Einheit von Leib und Seele auflösen und so die Schöpfung Gottes in ihrer intimsten Verflechtung von Natur und Person verletzen würde".[28] Benedikt XVI. bestätigt diese ebenso anthropologische wie theologische Perspektive in seiner Ansprache zum 40. Jahrestag von Humanae Vitae: „Keine mechanische Technik kann den gegenseitigen Liebesakt der beiden Eheleute ersetzen, der Zeichen eines größeren Geheimnisses ist, durch das sie als Protagonisten an der Schöpfung beteiligt sind".[29]

Zur Zeit der Veröffentlichung von „Humanae Vitae" war zwar der Fruchtbarkeitszyklus der Frau bekannt. Der japanische Arzt Kyusaku Ogino und der österreichische Arzt Hermann Knaus hatten viel zur Unterscheidung der fruchtbaren und der unfruchtbaren Tage der Frau beigetragen, aber die nach ihnen benannte Knaus-Ogino-Methode der Empfängnisregelung war eine Methode, die nur den Kalender und nicht die physiologischen Vorgänge beobachtete und die deshalb mit größeren Unsicherheiten verbunden war. Hier haben die Methoden der Natürlichen Empfängnisregelung nach Rötzer und nach Billings erhebliche Fortschritte gebracht. Mit diesen Methoden lassen sich fruchtbare und unfruchtbare Tage der Frau sehr genau unterscheiden und sowohl für die Erfüllung eines Kinderwunsches als auch für die verantwortliche Vermeidung einer Empfängnis nutzen. Die sogenannte sympto-thermale Methode nach Josef und Elisabeth Rötzer, die sich darauf stützt, den Zervixschleim und die Körpertemperatur der Frau zu beobachten, um für die Empfängnis fruchtbare und unfruchtbare Zeiten zu unterscheiden, ist weit mehr als eine Methode der Empfängnisregelung. Sie ist ein partnerschaftlicher Weg, der den Ehepaaren hilft, ei-

---

[28] Johannes Paul II., Familiaris Consortio 32.

[29] Benedikt XVI., Ansprache anlässlich des 40. Jahrestages der Enzyklika Humanae Vitae, a. a. O. Vgl. auch den Brief, den er am 8.12.1980 als Erzbischof von München nach der Bischofssynode an die Priester, Diakone und alle im pastoralen Dienst stehenden Mitarbeiter schrieb, zitiert in G. Höver, a. a. O., S. 275ff.

nen Weg gegenseitiger Annahme, gemeinsamer Verantwortung und des Dialoges über ihre Sexualität zu gehen.[30] Die Erfahrungen, die die Menschen in vielen Ländern und Kulturen in den vergangenen Jahrzehnten auf diesem Weg der Natürlichen Empfängnisregelung gemacht haben, sind positiv. Es geht bei der Wahl zwischen der Natürlichen Empfängnisregelung und der chemischen Empfängnisverhütung nicht um eine Frage der Technik bzw. der „natürlichen" oder „künstlichen" Methoden, sondern um eine Entscheidung zwischen zwei verschiedenen Haltungen. Bei der Natürlichen Empfängnisregelung ändern die Ehegatten ihr sexuelles Verhalten durch gemeinsame Enthaltsamkeit, wenn berechtigte Gründe es nahelegen, eine Empfängnis zu vermeiden. Sie manipulieren aber nicht den Akt der Hingabe ihrer selbst und der Annahme des Anderen. Dieser moralischen Entscheidung aber versucht ein Paar aus dem Weg zu gehen, das den Körper der Frau mittels eines Hormonpräparats chemisch manipuliert und zum Objekt degradiert.

Parallel zu diesen Fortschritten in der Erforschung des Fruchtbarkeitszyklus der Frau sind auch die Erkenntnisse über die Wirkungen der Hormonpräparate vertieft worden.[31] Damit sind nicht nur die gesundheitlichen Risiken und die psychischen Belastungen gemeint, die die Frau bei längerer Anwendung der Pille in Kauf nimmt, sondern auch die Tatsache, dass diese Präparate häufig nicht nur die Eireifung, sondern auch die Einnistung des befruchteten Eis in die Gebärmutter verhindern. Sie sind also nicht nur Ovulations-, sondern auch Nidationshemmer, mithin nicht nur ein Mittel der Empfängnisverhütung, sondern auch der Embryonenvernichtung. Diese Funktion der Pille kann in den Bemühungen um Aufklärung über die chemische Empfängnisverhütung nicht länger verdrängt werden.

---

[30] Josef und Elisabeth Rötzer, Natürliche Empfängnisregelung. Die sympto-thermale Methode – Der partnerschaftliche Weg, 3. Aufl., Freiburg 2014.

[31] Walter Rella, Johannes Bonelli, Susanne Kummer, Fünfzig Jahre „Pille": Risiken und Folgen, in: Imago Hominis, Bd. 17 (2010), S. 263ff.

Die Entwicklungen in der Ehekultur und im Lebensschutz, die bei einer Relecture von „Humanae Vitae" zu beachten sind, liefern für das Verständnis der Enzyklika lediglich Gründe ex negativo, mithin nur plausible Nebenargumente und keine Hauptargumente. Dennoch sind sie in den Blick zu nehmen. Diese Entwicklungen haben all das, was Paul VI. schon in „Humanae Vitae" befürchtet hatte, weit übertroffen. Paul VI. nannte als ernste Folgen einer künstlichen Geburtenregelung die Zunahme ehelicher Untreue, die Aufweichung sittlicher Zucht, den Verlust der Ehrfurcht vor der Frau seitens der Männer, die sich an empfängnisverhütende Mittel gewöhnt haben, und die Machtzunahme der Politik, wenn diese der Versuchung nachgibt, sich in Angelegenheiten der Geburtenregelung einzumischen.[32] Die Ehekultur hat in den Jahrzehnten seit der Einführung der chemischen Empfängnisverhütung 1961 deutlich gelitten. Dies spiegelt sich zum einen in der schon erwähnten Explosion der Scheidungsrate.[33] Auch wenn für eine Ehescheidung viele Gründe infrage kommen, so ist die Annahme doch naheliegend, dass sich in diesen Zahlen auch eine Zunahme ehelicher Untreue spiegelt. Die Ehe wurde von einem auf Dauer angelegten und im Grundgesetz geschützten Institut zu einer Vertragsbeziehung, bei deren Eingehen häufig schon die Auflösungsfolgen geregelt werden.

Der Verlust der Ehekultur spiegelt sich zum anderen in einem zunehmenden Anteil von ehelos zusammen lebenden Paaren, Patchworkfamilien, unehelichen Geburten und Alleinerziehenden mit allen Risiken an verminderten Entwicklungschancen für die Kinder durch Armut, Vaterverlust und psychische Belastungen. Dass die Kinder auch die ersten Opfer einer Scheidung sind, dass die jährlich rund 200.000 Scheidungswaisen in Deutschland für die Scheidung ihrer

---

[32] Paul VI., Humanae Vitae 17. Auch Karl Lehmann stellt in seinem Vortrag zum 25. Jahrestag von Humanae Vitae a. a. O., S. 12ff. fest, dass viele der Voraussagen und Befürchtungen von Paul VI. eingetreten seien.

[33] Vgl. oben S. 73.

Eltern mit deutlich erhöhten Schulabbrecherquoten, Delinquenzraten, Frühschwangerschaften bei Mädchen und Schei-
dungsraten beim Eingehen einer eigenen Ehe einen hohen
Preis zu zahlen haben, der auch die Gesellschaft nachhaltig
belastet, ist durch die Scheidungsforschung in der Soziolo-
gie, der Entwicklungspsychologie und der Erziehungswis-
senschaft vielfach nachgewiesen worden.[34] Im Mantel des
Gender-Mainstreaming breitet sich eine Ideologie aus, die
unter dem Vorwand einer Gleichstellung von Männern und
Frauen die Ehekultur weiter gefährdet.

Nicht weniger dramatisch als die Entwicklung der Ehekultur ist die Entwicklung des Lebensschutzes. Es wird zwar
häufig behauptet, die sichere und allen zugängliche Empfängnisverhütung sei das wirksamste Mittel gegen die Abtreibung. Die katholische Kirche wird immer wieder be-
schuldigt, de facto der Abtreibung Vorschub zu leisten, weil
sie die chemische Empfängnisverhütung ablehnt.[35] Diese Be-
hauptungen hat Johannes Paul II. in „Evangelium Vitae" zurückgewiesen: Es mag sein, „dass viele auch in der Absicht
zu Verhütungsmitteln greifen, um in der Folge die Versuchung der Abtreibung zu vermeiden. Doch die der ‚Verhütungsmentalität' … innewohnenden Pseudowerte verstärken
nur noch diese Versuchung angesichts der möglichen Empfängnis eines unerwünschten Lebens. In der Tat hat sich die
Abtreibungskultur gerade in Kreisen besonders entwickelt,
die die Lehre der Kirche über die Empfängnisverhütung ablehnen".[36] Die Verhütungsmentalität übernimmt keine Verantwortung für unerwünschte Folgen des sexuellen Verhal-
tens bei einem immer möglichen Versagen der Verhütung,

---

[34] Vgl. oben S. 74f.
[35] Die Schriftstellerin Luise Rinser sprach in einem Offenen Brief an den
      Erzbischof von München-Freising, Julius Kardinal Döpfner vom
      1.8.1968 von einer „despotischen Entscheidung" des Papstes und warf
      ihm vor, „der Sünde des Mordes Tür und Tor" zu öffnen, da das Ver-
      bot der Empfängnisverhütung die Abtreibung fördere, in: F. Oertel,
      Hrsg., a. a. O., S. 44ff.
[36] Johannes Paul II., Evangelium Vitae 13.

nachdem sie den natürlichen Zusammenhang zwischen der Sexualität und der Weitergabe des Lebens zerrissen hat. In der irrtümlichen Annahme, die Empfängnisverhütung auf Grund der Pille vollkommen im Griff zu haben, greift die dennoch von einer Empfängnis überraschte Frau zur Abtreibung oder sie wird vom Vater ihres Kindes zur Abtreibung gedrängt, die als alternative Form der Verhütung oder als „Notfallverhütung" gilt.

Der zeitliche und der statistische Zusammenhang zwischen der Ausbreitung der die Empfängnis und die Nidation verhindernden Hormonpräparate einerseits und der Legalisierung der Abtreibung sowie der Explosion der Abtreibungszahlen andererseits ist unübersehbar. Wenige Jahre nach der Einführung der „Anti-Baby-Pille" haben viele Staaten begonnen, den strafrechtlichen Schutz des ungeborenen Lebens zu lockern oder ganz preiszugeben und die Abtreibung zu legalisieren. Allein in Deutschland sind seit der Legalisierung der Abtreibung 1972 in der DDR und 1974 in der Bundesrepublik nach Angaben des Statistischen Bundesamtes bis zum 30. Juni 2015 5.736.614 Abtreibungen vorgenommen worden. Da das Statistische Bundesamt oft selbst darauf hingewiesen hat, dass seine Statistik kein realistisches Bild der Abtreibungszahlen vermittelt, dass sie nur rund 60 % der Abtreibungen erfasst,[37] die realen Zahlen mithin deutlich höher liegen, muss von rund zehn Millionen Abtreibungen seit der Legalisierung 1972 bzw. 1974 ausgegangen werden.[38] In dieser Schätzung sind die Frühabtreibungen, die die nidationshemmende Wirkung der Pille, auch der Pille danach, hervorruft, noch nicht enthalten. Die Tötung ungeborener Kinder hat gravierende Auswirkungen auf die demographi-

---

[37] Bundesinstitut für Bevölkerungsforschung, Hrsg., Bevölkerung, 2. Aufl. Wiesbaden 2004, S. 31: „Schätzungen lassen vermuten, dass nur etwa 60 % der Schwangerschaftsabbrüche durch die Statistik gezählt werden."

[38] Manfred Spieker, Der verleugnete Rechtsstaat, a. a. O., S. 17ff. und Ders., Kirche und Abtreibung in Deutschland. Ursachen und Verlauf eines Konflikts, 2. erw. Aufl. Paderborn 2008, S. 52ff.

sche Entwicklung. Die jährlichen Geburten haben sich seit Mitte der 60er Jahre halbiert. Wurden 1965 noch über 1,3 Millionen Kinder in Deutschland (Ost und West) geboren, so waren es 2013 nur rund 682.000. Im Jahr 2014 stieg die Zahl der Geburten auf 714.927.

3. Das Evangelium des Lebens

Die menschenwürdige Sexualität, zu der die Kirche in der Enzyklika „Humanae Vitae", im Katechismus und in zahlreichen Texten der Päpste Johannes Paul II., Benedikt XVI. und Franziskus den Weg weist, bezieht ihre Überzeugungskraft nicht aus den dramatischen Fehlentwicklungen der Ehekultur und des Lebensschutzes, die in Deutschland und in zahlreichen anderen Ländern zu beobachten sind. Sie bezieht ihre Normen und ihre Überzeugungskraft vielmehr aus der personalen Natur des Menschen, aus der dialogischen Struktur seines Leibes, aus den Weisungen Jesu im Neuen Testament, aber auch aus den Erfahrungen glücklicher Eheleute. Gott hat den Menschen nach seinem Bild geschaffen. Er hat ihn als Mann und Frau erschaffen und einander zugeführt. Mann und Frau entzücken und „erkennen" einander. Sie werden „ein Fleisch". Sie zeugen neues Leben, das schon im Mutterleib eine dialogische Natur hat (Gen 2,22-25; 4,1). Schon im Mutterleib ist der Mensch Adressat von Gottes Fürsorge und Berufung und zugleich Subjekt der Freude und des Lobpreises seines Schöpfers, wie sowohl das Alte Testament (Jes 49,1-5; Ps 71,6; 139,13-16) als auch das Neue Testament in der Begegnung der schwangeren Elisabeth mit der schwangeren Gottesmutter Maria zeigen, die ja zugleich die Begegnung Jesu mit Johannes dem Täufer ist (Lk 1,44). Für die Weitergabe des Lebens offen zu sein, ist eine wesentliche Dimension im gegenseitigen und vorbehaltlosen Sich-Schenken der Eheleute. Sie ist eine Bedingung geglückter Sexualität, ein Vorgeschmack jener Seligkeit, nach der sich der Mensch sehnt. Diese Offenheit und dieses Sich-Schenken setzen Liebe, Treue und Selbstbeherrschung voraus. Sie bleiben auf Vergebung und Versöhnung angewiesen. Sie stehen unter dem Segen des Schöpfers. Sie bleiben eine Bedingung für das Gelingen des ehelichen Lebens. Die Kirche wird nicht müde, den Menschen auf diesem Weg zu einer menschenwürdigen Sexualität und zum Gelingen des ehelichen Lebens zu helfen. Ihr erster Auftrag ist es, das Evangelium des Lebens zu verkünden. „Humanae Vitae", „Familiaris Consortio", „Donum Vitae", „Evangelium Vitae" und „Dignitas Personae" sind wesentliche Pfeiler dieser Verkündigung. Sie zeigen, dass Sexualität ein göttliches Geschenk ist, dass Keuschheit nicht das Fehlen von Sexualität, sondern ihre geglückte Integration in die Person ist, weshalb vom Altar des Ehebettes gesprochen und für eine sexuelle Liturgie geworben werden kann.[39]

---

[39] Vgl. oben S. 63, FN 63.

Schluss

Das Gender-Mainstreaming in Deutschland hat unübersehbare Konsequenzen für Staat, Gesellschaft und Kirchen: Die Legalisierung der eingetragenen Lebenspartnerschaft, die nach dem irischen Referendum vom 22. Mai 2015 und dem Urteil des amerikanischen Supreme Court vom 26. Juni 2015 immer lauter werdenden Forderungen nach der Homo-Ehe, die Expansion öffentlicher Kinderbetreuung zwecks Erwerbsintegration der Mütter bei gleichzeitiger Diffamierung der familiären Erziehung als Bildungshindernis und die im Mantel der Antidiskriminierung erfolgende Indoktrination der Kinder vom Kindergarten über die Grundschulen bis zu den Sekundarschulen mit der „Sexualpädagogik der Vielfalt". Alle diese Entwicklungen zeigen, dass Staat und Gesellschaft einem nachhaltigen Veränderungsprozess unterliegen, für den der Begriff Kulturrevolution nicht übertrieben ist.

Dass auch die Kirchen von diesem Veränderungsprozess erfasst sind, mag überraschen – weniger bei der evangelischen Kirche, aber doch bei der katholischen Kirche. Überraschend zumindest ist, dass nicht nur feministische und gendersensible Theologinnen von diesem Veränderungsprozess erfasst sind, sondern auch die beiden Repräsentanten der katholischen Kirche in Deutschland, die jahrzehntelang das Erscheinungsbild der Kirche geprägt haben und relativ immun gegen theologische Moden waren: die Deutsche Bischofskonferenz und das Zentralkomitee der deutschen Katholiken. Beide, das Zentralkomitee etwas früher, die Bischofskonferenz etwas später, haben damit begonnen, nicht nur dem Gender-Mainstreaming die Türen zu öffnen, sondern die katholische Kirche insgesamt über die ordentliche Bischofssynode in Rom zu drängen, den in Deutschland weit verbreiteten Vorstellungen vom Umgang mit wiederverheirateten Geschiedenen, vom Umgang mit gleichgeschlechtlichen Lebensgemeinschaften und von Sexualethik zu folgen. Seit dem *Vortrag* von Kardinal Walter Kasper vor dem Kon-

sistorium der Kardinäle im Februar 2014 in Rom, der ten-
denziösen Zusammenfassung der Antworten auf den Frage-
bogen des römischen Synodensekretariats für die außeror-
dentliche Bischofssynode im Oktober 2014[1] und den diversen
Versuchen einer Einflussnahme auf die ordentliche Bischofssynode im Jahr 2015 scheint die Debatte über Ehe und Familie nur noch diese Themen zu kennen: wiederverheiratete
Geschiedene, Homosexualität und Anpassung der Sexualethik. Die Fixierung auf diese drei Themen hat zentrale Fragen der Zukunft von Ehe und Familie verdrängt: die Fragen
der assistierten Reproduktion und der Biomedizin, die Benedikt XVI. in seiner Enzyklika Caritas in Veritate noch als die
entscheidenden Fragen der gegenwärtigen kulturellen Auseinandersetzung bezeichnete. In diesen Fragen stehe „auf radi-
kale Weise die Möglichkeit einer ganzheitlichen menschlichen Entwicklung auf dem Spiel". Hier gehe es um die Frage, „ob sich der Mensch selbst hervorgebracht hat oder ob er
von Gott abhängt".[2] Benedikt XVI. würdigte in Caritas in
Veritate die Enzyklika Humanae Vitae als die erste Enzyklika, die den Zusammenhang zwischen der Sozialethik und der
Ethik des Lebens aufgezeigt habe.[3]

In der innerkirchlichen Debatte um Ehe und Familie geht
es nicht nur um pastorale Fragen wie es in der politischen
Debatte um das Gender-Mainstreaming nicht nur um Antidiskriminierung geht. Wie beim Gender-Mainstreaming Fragen der Verfassung und des Rechtsstaates und insbesondere
Art. 6 GG zur Debatte stehen, stehen in der innerkirchlichen
Debatte um Ehe und Familie Fragen der Lehre zu Ehe und
Sexualität zur Debatte. Hinter der Forderung nach einer
„Theologie der Liebe" steht die Distanzierung von der Theologie des Leibes. Dass die Sexualethik der katholischen Kir-
che die Sexualität gegen jeden Manichäismus und gegen jede

---

[1]   Manfred Spieker, Defizitäre Antworten, ignorierte Fragen und unge-
      wollte Offenbarungen. Zum Papier der Deutschen Bischofskonferenz
      zum Fragebogen aus Rom, in: Die Tagespost vom 22.2.2014.
[2]   Benedikt XVI., Caritas in Veritate 74.
[3]   A. a. O. 15.

Gnosis verteidigt, dass die Theologie des Leibes wesentlich leibfreundlicher ist als alle gendersensiblen Theologien, ist ein Ergebnis dieser Untersuchung. Die Forderungen aus der katholischen Kirche in Deutschland, von Bischöfen, Theologen, Zentralkomitee der deutschen Katholiken und Verbänden, die Bischofssynode und Papst Franziskus sollten den deutschen Mainstream-Vorstellungen im Hinblick auf Homosexualität, wiederverheiratete Geschiedene und Sexualethik folgen, birgt insofern ein schismatisches Potential. Der Mut, den Papst Franziskus seinem Vorgänger Paul VI. bescheinigte, weil er mit der Enzyklika Humanae Vitae die Ehe und die Offenheit für das Leben gegen den kinderfeindlichen Zeitgeist der 60er Jahre verteidigte, der die Familie bedrohte,[4] dieser Mut ist heute von Bischöfen ebenso wie von Laien gefordert. Das Gender-Mainstreaming steht mit seiner Kritik der Heterosexualität in einer langen Tradition der Leibfeindlichkeit. Es verhindert die Kultivierung der Sexualität, weil es die Natur menschlicher Sexualität ignoriert und die Geschlechterpolarität ausschalten will.

Das Gender-Mainstreaming ist ein prometheischer Versuch, die sexuelle Identität selbst konstruieren zu wollen. Dieser Versuch ist wie jedes prometheische Unternehmen zum Scheitern verurteilt. Ihm mit dem Evangelium der Ehe und der Familie das Evangelium des Lebens entgegenzuhalten, ist die Bedingung für die Integration der Sexualität in die ganzheitliche Entfaltung des Menschen und für das Gelingen des Lebens. Der heilige Johannes Paul II. würde den Bischöfen und Priestern heute sehr wahrscheinlich zurufen: Habt keine Angst, dieses Evangelium zu verkünden! Den Laien und insbesondere den Jugendlichen würde er zurufen: Habt keine Angst, es zu leben!

---

[4] Franziskus, Ansprache bei der Begegnung mit Familien in Manila am 16.1.2015, in: L'Osservatore Romano (deutsch) vom 23.1.2015, S. 7f.

Personenregister
(Kursiv: Fußnoten)